ジョン・P・コッター 実行する組織

大組織がベンチャーのスピードで動く

ジョン P. コッター＝著
村井章子＝訳

ACCELERATE John P. Kotter

ダイヤモンド社

ACCELERATE
by
John P. Kotter

Published by arrangement with Harvard Business Review Press, Massachusetts
through Tuttle-Mori Agency, Inc., Tokyo

はじめに

私たちは、予想のできない混乱や急激な変化が日常的に起きる領域に足を踏み入れている。その準備ができている人はほとんどいない。だが先駆的な組織の中には、新しい事業環境で成功を収めているところもある。それも、大きな成功を。

今日では、「機会の窓はすぐに閉まる」と言われるとおり、機会を捉えることがますますむずかしくなっている。本書は、俊敏かつ創造的に行動して機会をつかむには組織としてどうしたらいいか、という問題を取り上げる。革新的な組織はどのようにして激しい競争を勝ち抜いているのか、前例のない混乱や激動にどう対処しているのか、技術の飛躍的進歩に伴う脅威をどう克服しているのか……。その一方で、短期的な結果を犠牲にすることはできないし、社員を疲弊させないよう配慮しなければならない。

本書に示した私の解決策は、組織のあり方を根本から変えることだ。二〇世紀の課題に対処できていたシステムや組織構造や文化は、現在の変化のスピードにはもはや対応できない。どれほどうまく手を打ったところで、小手先の調整では、もう間に合わないのだ。変化のスピードが速く不確実性の高まる事業環境で競争に先んじるためには、何かまったく新しい試みが必要である。

私の考える解決は、けっして従来の知恵や経験をゴミ箱行きにすることではない。本書で提案するデュアル・システムは、起業当時に慣れ親しんでいたはずのシステムを有機的に再導入する試みである。この第二のシステムが加わることによって、組織は俊敏性とスピードを実現できるようになる。しかも、第一のシステムは引き続き機能するので、信頼性と効率性は維持される。両者が共存するデュアル・システムは、成熟した組織が成長過程の一時期に備えていたものとよく似ている。しかし、備えていたはずのデュアル・システムの片方は打ち切られ、消滅し、やがて忘れられてしまう。これを復活させることが本書のテーマだ。デュアル・システムの構築はさほどコストがかからず、結果がすぐに出るという大きなメリットがある。デュアル・システムはけっして机上の空論ではなく、コンサルタントとして私のチームが何度も経験してきたものだ。

本書の執筆プロジェクトのもとになっているのは、ハーバード・ビジネス・スクールの資金援助を受けて行った大規模な変革に関する調査である。この調査に基づいて『企業変革力』（日経BP社）を書き、追跡調査に基づいて『ジョン・コッターの企業変革ノート』（日経BP社）、『カモメになったペンギン』（ダイヤモンド社）、『企業変革の核心』（日経BP社）、『ハーバード流企画実現力』（講談社）を書いた。これらの著作は、一九七四年から続けてきたリーダーシップに関する研究にも依拠している。こちらの研究は、『変革するリーダーシップ』（ダイヤモンド社）として形になっている。企業経営者（および政府や非営利団体のトップ）が直面する世界はずいぶん様変わりしたけれども、これらの著作の結論は、今日にも通じると信じる。そして本書もそうであってほしいと願っている。新しい環境では古い考えはもう通じない、というわけではない。むしろ、古い考えに新しい何かをつけ加えることで、より輝きを放つケースのほうが多い。

数十年にわたる調査研究では、一貫して同じ基本方針を採用してきた。それは上位、すなわちトップ一〇%か二〇%のパフォーマンスの高い組織を探して、その共通項を見つけることである。現場で行動を観察し、現場で話を聞く。次に、平均的な組織、遅れをとった組織についても、同様に調査する。そしてハイ・パフォーマンス組織との違いを分析し、トップに近づくために、少なくとも平均に到達するために変革すべき要素を洗い出す。

しかし今回のプロジェクトでは、初めて二つの点で方針を変えた。まず、ほんとうの意味で既成概念の殻を破ろうとするリーダー、革新的な組織運営によって並外れた成功を収めている経営者にだけ焦点を合わせた。次に、主にコンサルティング・グループ、コッター・インターナショナルの助けを借りて、彼らのモデルの再現を試みた。製薬業界になぞらえるなら、基礎研究から一歩踏み出し、製品開発や臨床試験に足を踏み入れたということになろうか。

本書は、今日の事業環境の苛酷な現実と向き合い、変革の必要性を認識し、新たな道を開拓しようとするリーダーのために書いた。成功を収めたパイオニアの事例に基づいて執筆した本書が彼らの背中を押し、勇気と自信とインスピレーションを与えることを願ってやまない。今日の競争で勝利を収め、明日の競争で先頭に立つには、これまでと同じではいけない。未来に輝くためには、もっとほかに必要なことがある。

本書の執筆プロジェクトは、コッター・インターナショナルからの公式の資金援助を受けた。

私自身はコッター・インターナショナルの研究責任者を務めており、本書のアイデアを実践する経営者の支援も行っている。またハーバード・ビジネス・スクールからも多大な支援を受けた。なかでも、大学院生と学部生に草稿を読んで意見を言ってもらえたことはありがたかった。

他の本同様、本書も多くの人の助けを借りている。コッター・インターナショナルのデニス・ゴーイン、ランディ・オッティンガー、そしてハーバード・ビジネス・レビュー・プレスのエイミー・ベルンシュタインとジェフ・ケホーにはとりわけ感謝したい。

『ジョン・P・コッター　実行する組織』

目次

ジョン・P・コッター　実行する組織

第1章

階層組織の限界

組織にとって最も根本的な問題

本書は先頭を走る企業についての本であり、先頭を走ろうとする企業のための本でもある。

本書のテーマは、あるたった一つの観察に基づいている。それは、世界のどの国、どの地域でも、組織は変化のペースについていくだけで必死だということだ。まして変化に先駆けるなど、言うまでもない。

大方の人は、まわりで起きていることにさほどの危機感を感じていない――このこと自体が問題の一部と言える。だが客観的なデータは、はっきりしている（**図表1-1**）。企業経営に関係するほとんどの重要な指標は、変化のスピードが加速しつつあることを示しているのだ。この事実は、業績にはもちろん、社会、環境、政治にも、変化があっという間に深刻な影響をもたらすことを意味する。

企業経営者は、混迷を深める現代の世界でいかにして競争力を維持するか、成長を遂げ利益を拡大するかという困難な課題に直面している。起業した当時は、どんな組織も戦略を実行する俊敏性や機動性を備えていたはずだ。そしてスピードと自信を持ってチャンスをつかみ取り、リスクを巧みに回避していたことだろう。しかしスタートアップの段階を過ぎると、早晩、効率化や最適化に軸足を移す――これが、組織にとって最も根本的な問題と言えよう。

そうした企業の例はいくらでも挙げられる。全米二位の書店チェーンだったボーダーズ・グループや、携帯端末ブラックベリーで知られたリサーチ・イン・モーション（ＲＩＭ）は、その最たるものだ。重大な局面を迎えたとき、彼らは戦略的決断を下さなければならないとわかってはいた。だが後手を踏んだ挙げ句、結局はスピードに勝る競争相手に打ち負かされるのを、ひたすら指をくわえて眺めることになってしまった。

スピード競争に負ける企業がたどる道筋は、いつも同じだ。ある日突然、重大な脅威に直面する。あるいは、すばらしいチャンスに遭遇する。そして、かつてうまくいった組織や手法で難局を切り抜けようとしたり、チャンスをつかもうとしたりして、失敗するのだ。古いやり方で新しい戦略を実行しようとしても、まずうまくいかない。

企業は基本戦略をたまにしか見直さないし、それも必要に迫られてやむなくという場合が多い。だが今日の事業環境では、状況の変化に日々対処することとは別に、最低でも数年ごとに大きな方向性を再検討し、変えるべき点を変える必要がある。それをしないのは、自らをリスクにさらすも同然だ。変化の速い事業環境は、こちらにも速い変化を求めているのだから。とはいえ、激しさを増す競争でつねに先頭をめざすべきだとしても、今年は今年で結果を出さなければならない。これは多くの経営者が認めるとおり、たいへんな難題である。

企業を運営するに当たっては、日々こなさなければならない業務があり、これをおろそかにするわけにはいかない。伝統的な階層組織と経営手法は、今日もなおこの仕事に適している。だが、重大な危険をすみやかに察知し、あるいはまたとないチャンスをすばやく見抜き、機敏に戦略を

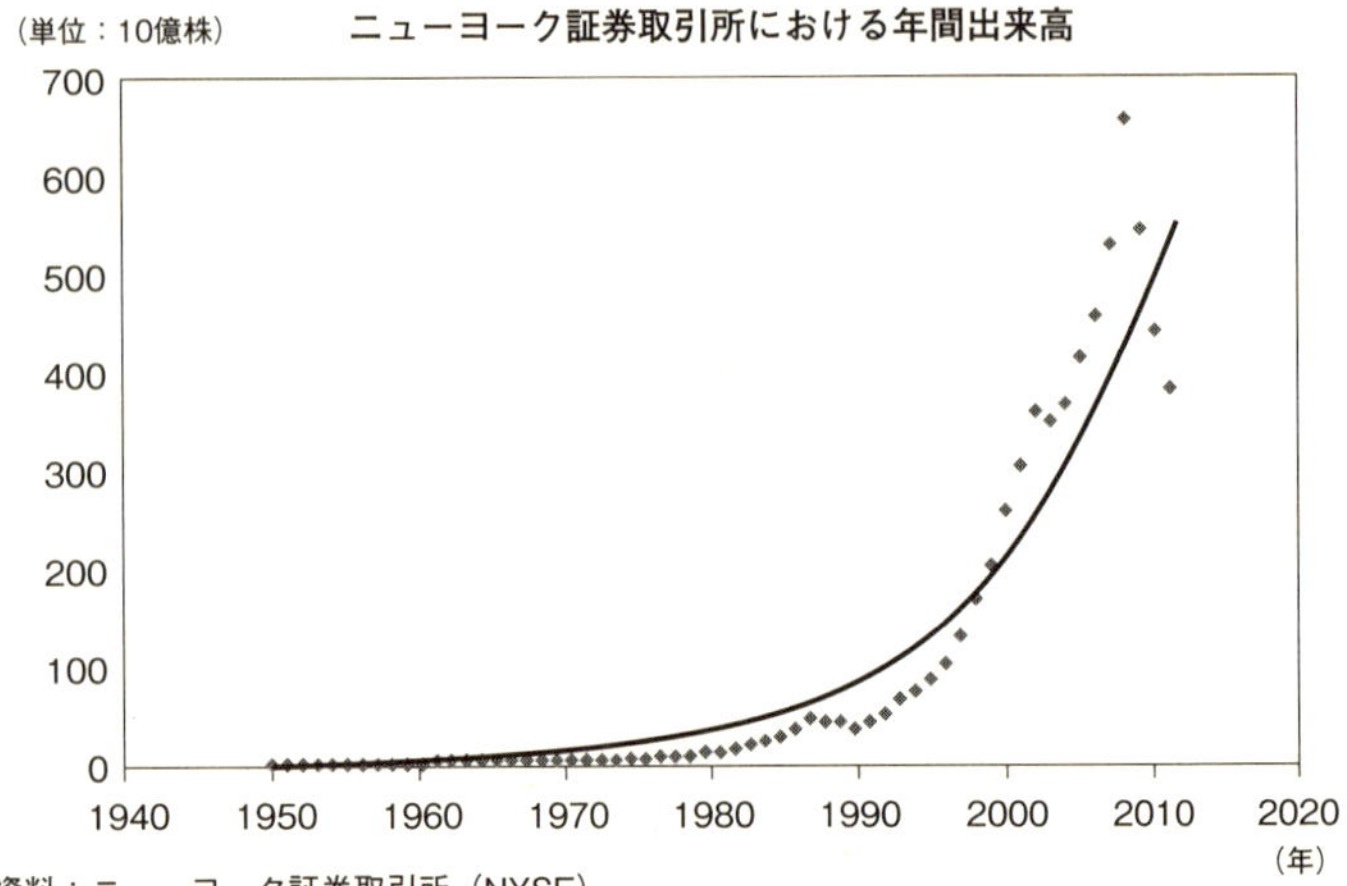

資料：ニューヨーク証券取引所（NYSE）

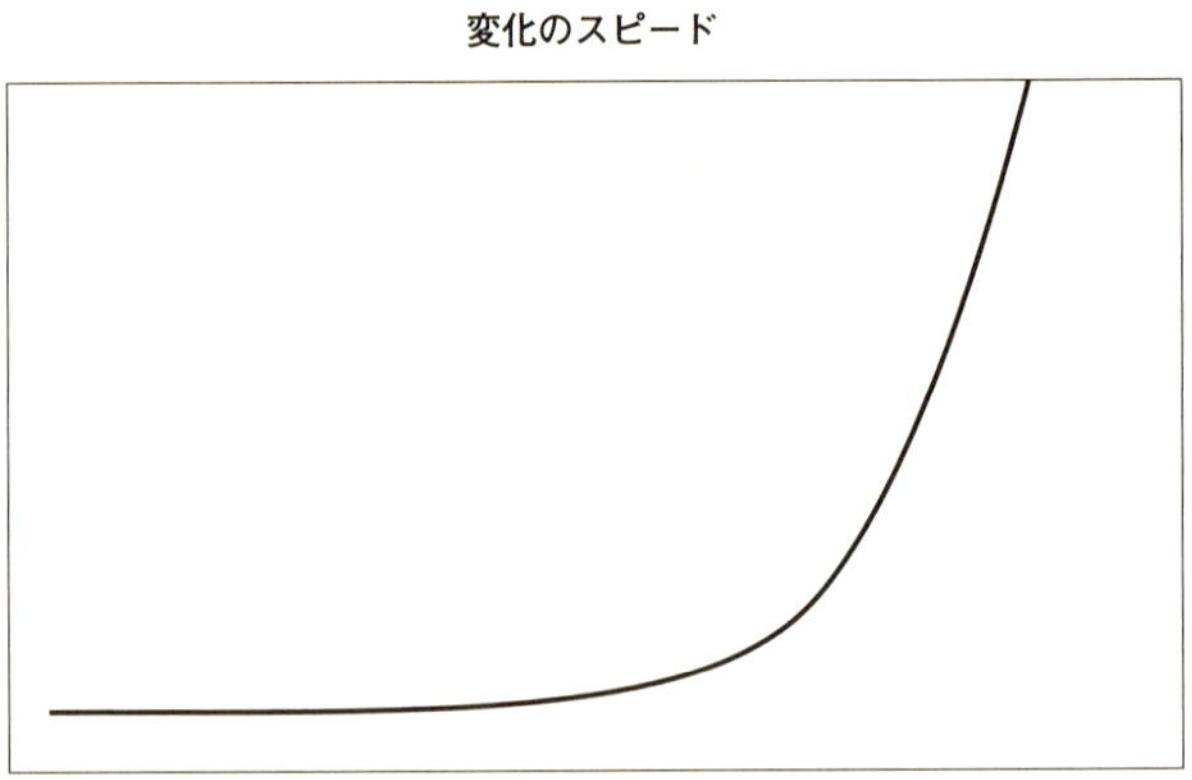

資料：ニューヨーク証券取引所（NYSE）

図表1-1　世界の変化は加速している

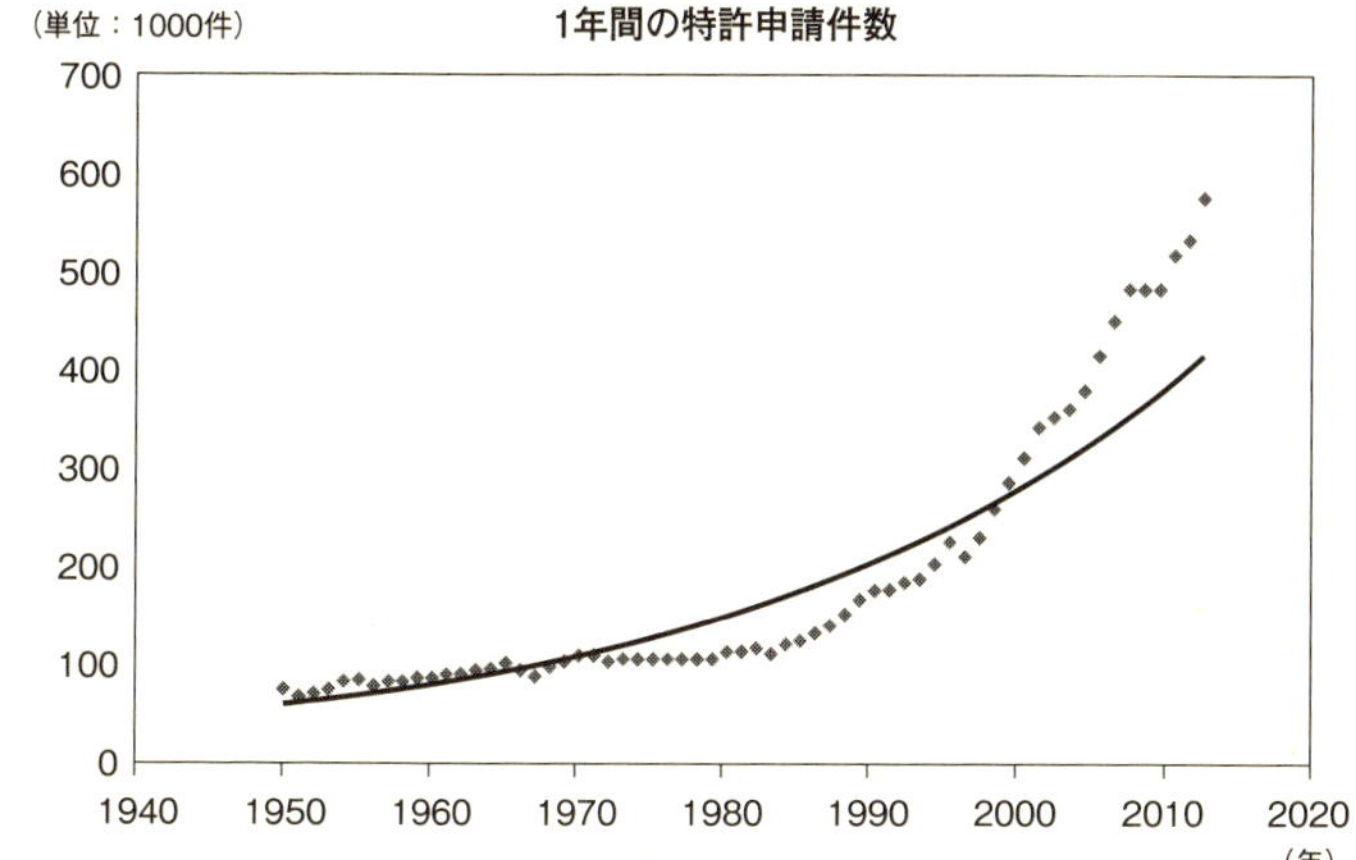

資料：アメリカ特許商標庁（USPTO）

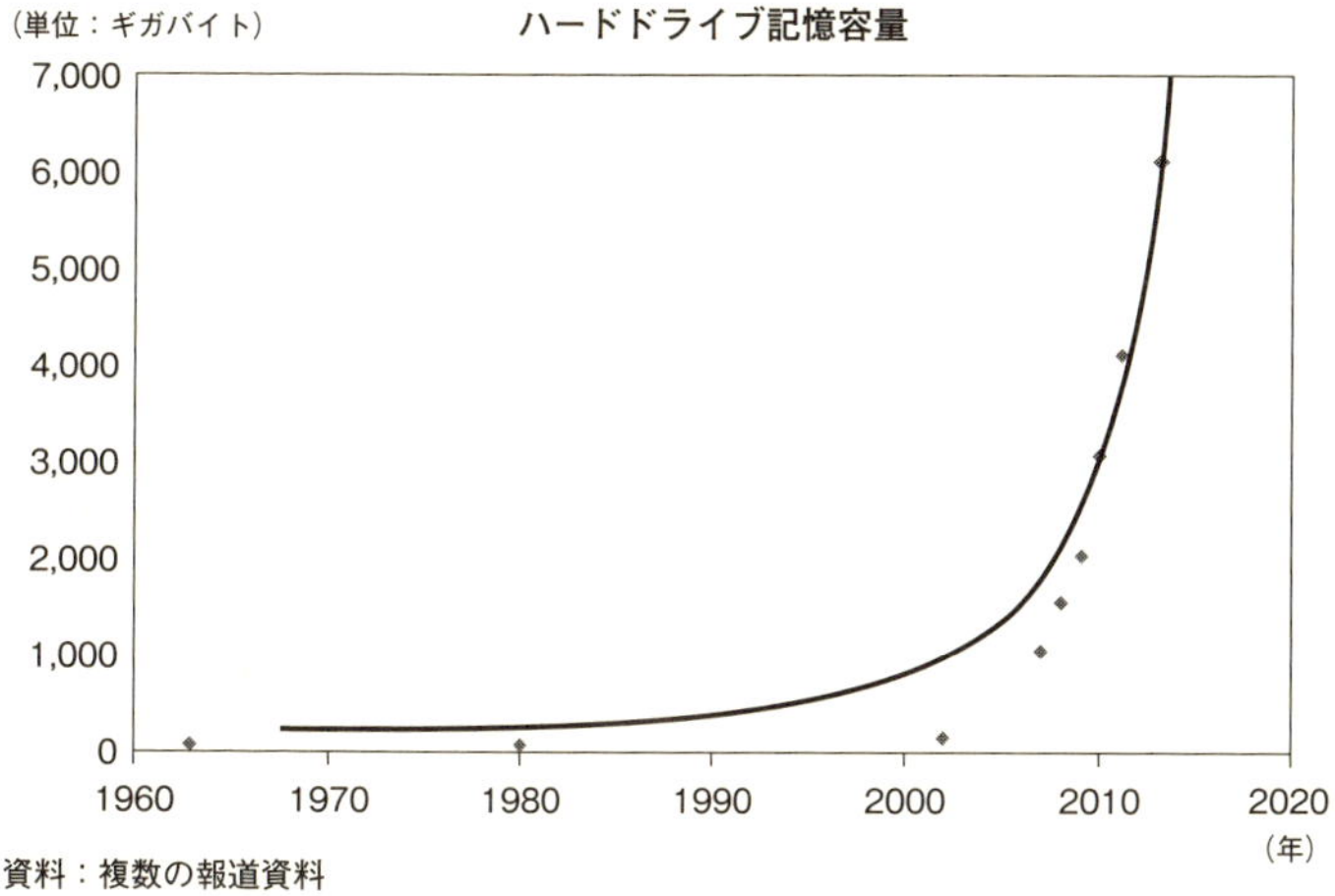

資料：複数の報道資料

立て、それを迅速に実行することには、まったく適していない。

ネットワーク組織から階層組織へ

成功中の企業がたどるライフサイクルは、ほぼ例外なく、よく似ている。始めはネットワーク状の組織で、ちょうど太陽系のように中心に太陽があり、その周囲に惑星がある（**図表1-2**）。場合によっては惑星の回りに衛星が存在することもある。言うまでもなく、太陽は創業者だ。創業当時の仲間は、惑星としてさまざまな仕事を進めていく。この段階での仕事とは、端的に言ってチャンスを嗅ぎ付けて果敢にリスクをとることであり、それらはすべて、その場その場で関与した人間が決めていく。この太陽系集団はやる気満々の人間の集まりであり、誰もがためらわず、すばやく動く。

やがて時が経つにつれて、一定の成功を収めたスタートアップは、一連の段階を経て（この点は重要なので、あとでくわしく論じる）スタートアップを脱し、「本物」の企業へと脱皮を遂げる。つまり、階層的に構築され、計画立案、予算編成、業務管理、人事、業績評価、問題解決といったマネジメント・プロセスで運営される組織である（**図表1-3**）。こうして成熟した組織は、系統化された階層の下で粛々と経営され、毎週、毎四半期、毎年、効率よく確実に結果を出していくことだろう。

図表1-2　ネットワーク組織

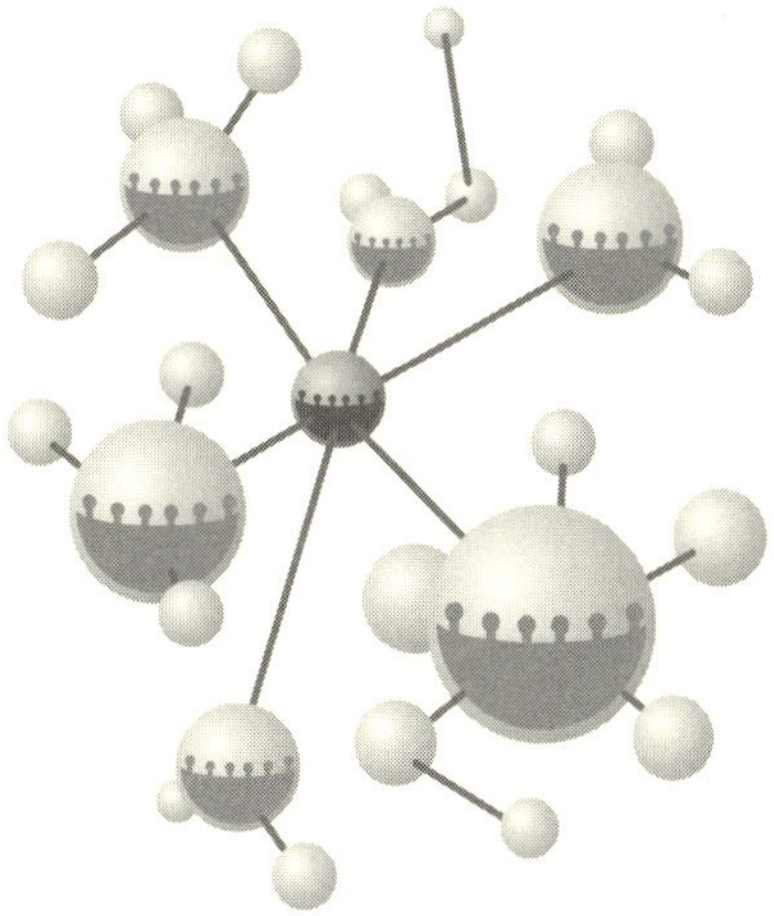

よく設計された階層組織では、仕事が製品別あるいは地域別にしかるべき部門に割り当てられるため、それぞれの部門では専門的な知識や能力が自ずと形成される。また各所に適した業務手続きが練り上げられ、時の試練を経てより信頼できるものになっていく。誰が誰に命令し、誰が誰に報告するのか、上下の関係と責任の所在も明確だ。

さらにマネジメント・プロセスによって社員の行動が統率・調整されることにより、たとえ数千人の社員が世界各地に散らばっていても、適切に管理することが可能になる。こうした階層組織とマネジメント・プロセスの組み合わせは、一つのオペレーティング・システムと見なすことができよう。このシステムは、どうすればうまくいくかわかっている仕事をこなすことに関しては、じつにすぐれている。

こうした組織を、官僚的な過去の遺物だと頭

図表1-3　階層組織

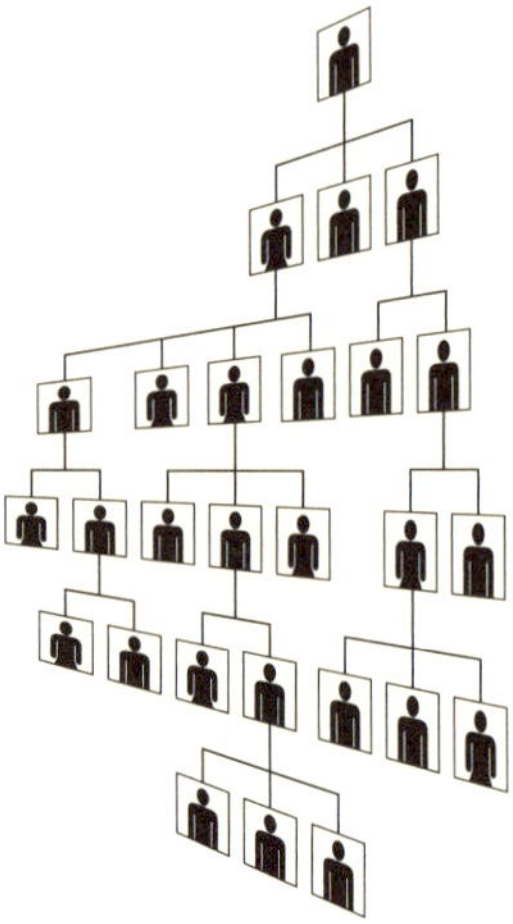

からバカにする人がいる。いまどきこんなのは古すぎる、ぶちこわせ、ゼロからやり直せ。理想はクモの巣のような柔軟な組織だ、中間管理層などいらない、フラットな組織にして社員が自分で自分を管理するようにすべきだ、云々。

だがちょっと待ってほしい。優秀な企業がどこも採用し、いまや当たり前になった経営陣を頂点とする指揮統制型の階層組織は、二〇世紀が生んだめざましいイノベーションの一つであり、企業がうまく機能するためには欠かせない構造である。

この組織構造がすぐれている点の一つは、単に反復をするだけでなく、変化に応じて自己強化していけることだ——ある程度までは、という但し書き付きではあるが。階層組織において新しい試みを始めるにはどうしたらいいか、古いやり方を改めて業績を改善するにはどうしたらいいか、といったことを企業は学んできたし、新たな問題点を見つけ、動きの速い市場のデータを収集・分析し、改革の事例から学ぶこともしてきた。一言で言えば、階層組織でどううまくやるか、どうやって収益を伸ばすかということを、長い時間をかけて学習してきたのである。

階層組織の場合には、タスクフォース、専門家チーム（タイガーチーム）、プロジェクト・マネジメント部門を新たに導入したり、エグゼクティブが後ろ盾になったりして、変革や新しい試みを成功させることが多い。この方式は階層組織とマネジメント・プロセスの組み合わせになじみがよく、新しいことに取り組むのと並行して、日々の業務を着実にこなしていくことが可能だ。だから企業経営者はこのやり方を採用し、維持してきたのである。

筆者はエグゼクティブを対象とした調査を一〇年連続で実施しているが、その結果、新たな戦略プロジェクトの件数が数年来増えていることが確かめられた。優秀な経営者は生産性を高めるにはどうしたらよいかをつねに考えているものだが、いまやイノベーションの必要性をより切実に感じているという。数年あるいは数十年かけて培われてきた企業文化が足かせとなって自社の動きが鈍くなってきたと感じると、せっかちな経営者は文化を変えようと躍起になる。その目的は、言うまでもなく、成長を加速し、利益を増やし、競争に先んじることだ。

だが残念ながら、この種の試みが成功する例は稀だと言わざるを得ない。たとえば、最近業績が回復した百貨店チェーン、ＪＣペニーも、好調だったのはほんの数カ月だけで、その後はどのプロジェクトも雲行きがあやしくなっている。

階層組織の限界

この悩ましい現実は、経営者なら誰しも経験したことがあるだろう。

だいたいにおいて経営者は、何か新しいことを始めようとするとき、信頼できる一握りの人間に頼りがちである。するとどうしても、行動の範囲もスピードも限られてしまう。また各部門がその業務に特化し専門化するにつれて、他部門と孤立・分断され、組織がサイロ化するのも悩ましい。サイロ化が進行すれば、部門間の横の連携や意思の疎通は遅く非効率になる。さらに、上から下へ、下から上への情報伝達も滞りやすく、これらがあいまって、組織はいよいよ停滞していく。

こうなってくると、方針も規則も手続きもすべてが邪魔になってくるものだ。それも組織にとって必須のものまで、スピードを妨げる障害物に見えてくる。だが方針にせよ、規則や手続きにせよ、コストやクオリティやコンプライアンスといった重要な問題を解決するために時間をかけて編み出されてきたのであって、これはどんな組織でも避けられない。ただ変化の速い世界では、方針や規則はバリケードとまでは言わないにしても、少なくとも路上の小石ぐらいにはうっとうしい。

こうして四半期ごとに結果を出すことと、競争で先頭に立つために未来を見据えることとが両立しなくなってくる。たとえば工場の一つが火災で全焼したあとでさえ、話題の中心は「今期の数字はどうなるか」になる。企業に本来的に備わっているこの傾向が何十倍、何百倍に助長されるうちに、活発にアイデアを出してイノベーションを起こし競争に勝つ能力は次第に衰え、しまいには枯渇してしまうだろう。

問題の一因は、人間の社会的関係にあると言えよう。社員は上司の許可のない限り、リスクの大きい機会に手を伸ばそうとはしないものである。このことは、人間の本性ともかかわりがある。人間は自分の習慣にこだわる性癖があり、現在の地位や権力を手放すまいとする。

過去の成功の典型的な置き土産である自己満足と臆病も、事態を一段と悪化させる。ほんのすこしばかりの自己満足を抱くだけでも、社員は新しいことを始める必要はないと感じ、変化に抵抗するようになる。あるいは臆病になり、何か新しいことが必要だとは薄々感じても、上から命じられない限りやろうとしない。どちらも、変化を遅らせ、停滞させる。

これを誰かのせいにするのは簡単だ。重箱の隅ばかりつついている中間管理職のせいだとか、MBAを鼻にかけ自分の出世しか眼中にない幹部候補生のせいだとか……。だが真実は、そうではない。スピードが鈍るのはシステム上の欠陥であり、階層組織とマネジメント・プロセスそのものに直接的な原因がある（**図表1-4**）。

組織のサイロ化もまた、階層組織につきものの弱点である。部門同士を隔てる壁を低くすることはできるし、偏狭な縦割り主義を是正することもできるだろう。だが、完全になくすことはできない。

図表1-4　加速力の停滞

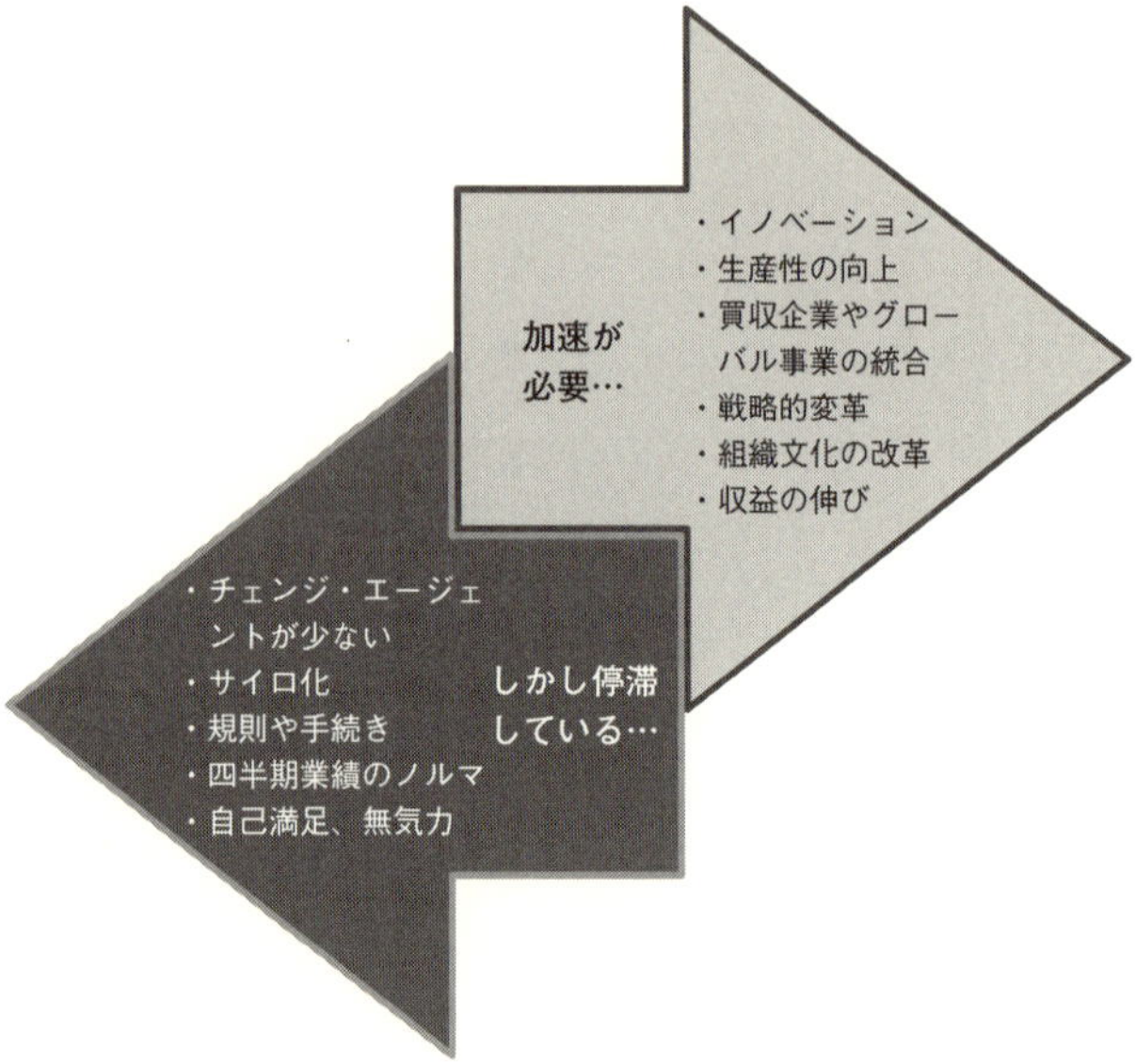

加速が
必要…
・イノベーション
・生産性の向上
・買収企業やグローバル事業の統合
・戦略的変革
・組織文化の改革
・収益の伸び
・チェンジ・エージェントが少ない
・サイロ化
・規則や手続き
・四半期業績のノルマ
・自己満足、無気力
しかし停滞
している…

さまざまな規則や手続きも、そうだ。その数を減らすことはできても、全部なくすことはできない。このことは、すべてに当てはまる。階層を減らすことはできても、なくすことはできない。広い視野を持てと奨励することはできても、四半期の予算を無視することはできない。これらは企業というシステムと切っても切り離せない要素である――だが機先を制し、戦略をすばやく実行に移すことの妨げになることはまちがいない。

優秀な経営者は、ときに動物的な直観からこのことをちゃんと知っている。そして、なんとかしてスピードを高めようと試みる。たとえば特別プロジェクトを発足させ、プロジェクト・マネジメント・チームを編成する。サイロを駆逐するために部門横断型のタスクフォースを編成する。長期戦略を練るためにコンサルタントを雇ったり、戦略プランニング部門を立ち上げたり、通常の事業計画に戦略プランニングの要素を加味したりする。

あるいは、自己満足を駆逐し改革の意識を植えつけるために、変革マネジメントを強化する。うまく実行できれば、停滞した組織にカツを入れ、スピードと俊敏性を高めることができるだろう――ある程度までは。

変化が速く複雑化する一方の世界は、次々に難題を突きつけてくる。これに対処し、先んじるためには、まったく新しい何かが必要だ。その解決として本書が提案するのは、第二のシステムである。

第二のシステムは、ピラミッド型の第一のシステムではなくスタートアップの太陽系に似ており、スピードと俊敏性の実現を担う。筆者はその成功例をいくつも見てきた。

第二のシステムは、階層型の第一のシステムを補う存在であり、けっして足を引っ張るものではない。むしろ第二のシステムの存在によって、第一のシステムは本来の仕事に専念できる。企業全体としても、通常の業務を円滑に進めながら、戦略的な変革をスピードアップできる。両者は、「あれか・これか」の選択ではない。「あれも・これも」が正しい。二つのシステムは調和して働く。そう、デュアル・オペレーティング・システムとして（**図表1-5**）。

新しい道「デュアル・システム」

最初にはっきりさせておこう。デュアル・システムというのは、大規模な部門横断型タスクフォースだとか、新しいモデルに沿った戦略チームだとか、イノベーション委員会や独立作業チーム等々を設置することとは違う。社員に独自の創造的なプロジェクトを追求する時間を与える、といったこととも違う。こうした方法も、正しい方向に進む一助にはなるだろう。だがあくまでも、既存の単一システムの強化にとどまる。本書で提案するのは、もっと大きな構想である。とはいえ、読者もよくご存知の構造や方法や思考法に根ざしたもので、見たことも聞いたこともないような奇抜なアイデアではないから、心配はいらない。

ほとんどのスタートアップは、ネットワーク構造である。チャンスを逃さずつかむには、機動的かつ創造的でなければならないからだ。成熟した企業であっても、何か新しい試みを短期間で

図表1-5　新しい道、デュアル・システム

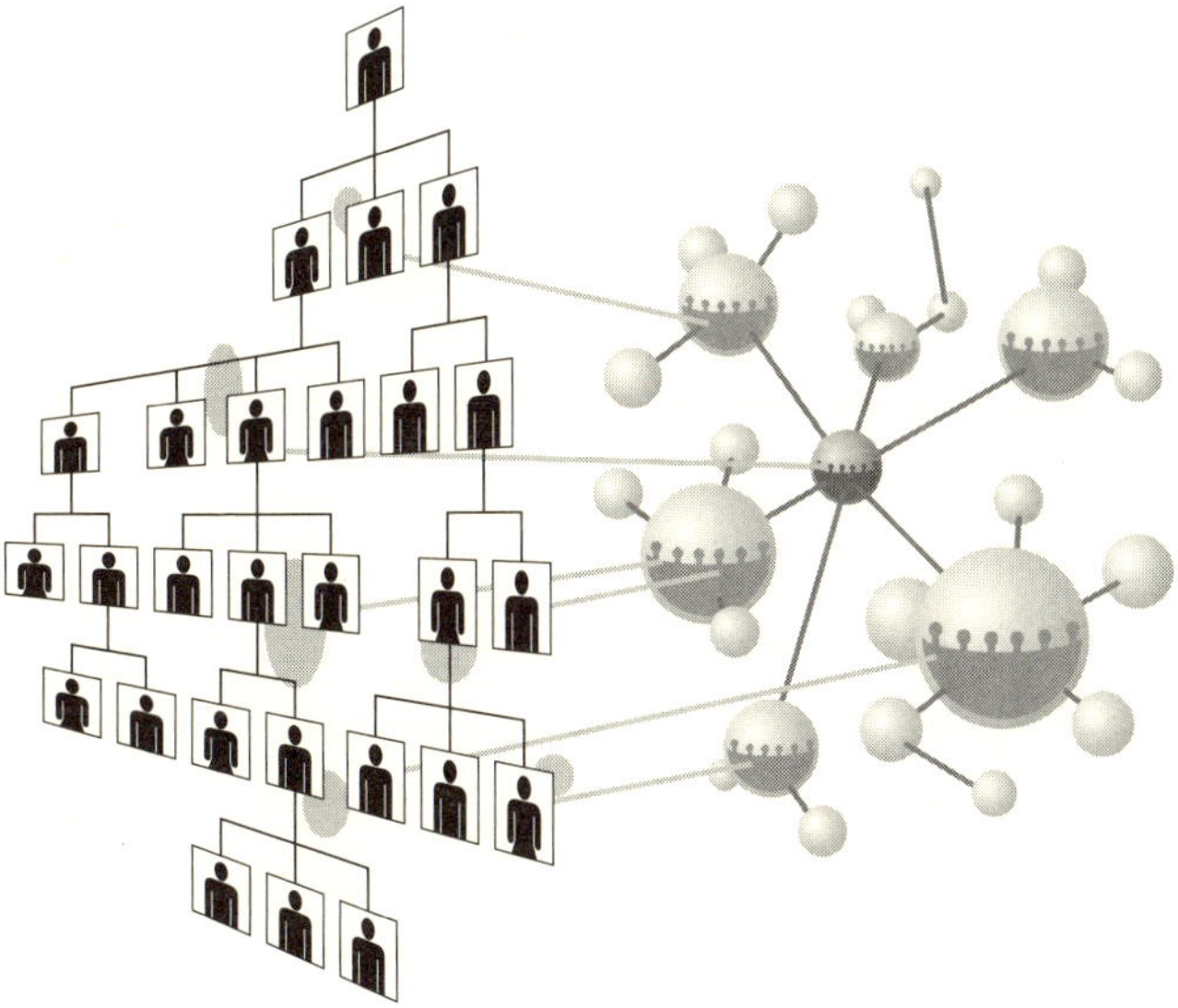

実行しようという場合には、階層組織の下で、変革請負人とも言うべきチェンジ・エージェントが非公式なネットワーク組織を形成して活動することが多い。私が提案するデュアル・システムには、ここ数十年の間に発表された刺激的な経営思考の多く、たとえば企業は戦略に注意を払う頻度を高めるべきと警告したマイケル・ポーター、破壊的イノベーションに注目したクレイトン・クリステンセン、人間の脳には直観的、感情的な速いシステムと意識的、論理的な遅いシステムがあると喝破したダニエル・カーネマン（行動経済学分野でノーベル賞を受賞した）などの考え方が反映されている。

新しいネットワーク型組織で運営されるのは、信頼性と効率性を旨とする系統的なプロセスではなく、スピードと俊敏性を追求するリーダーシップ発揮型プロセスである。このプロセスについては、一九年前に発表した拙著『企業変革力』の八段階の変革プロセスで詳述した。同書では、大規模な変革の成功例を調査・分析し、その結果をまとめている。

デュアル・システムの一翼を担うネットワーク型組織は、多くの社員をチェンジ・エージェントとして取り込みスピードを上げることによって、また一般的な意味での警戒心ではなく、チャンスに油断なく目を光らせ逃さないようにするという意味で危機意識を研ぎすますことによって、変革プロセスを加速させる。そして、これぞというチャンスを見きわめたら、一段とアクセルを踏み込み、スピードと俊敏性を企業文化に浸透させていく。

すでに一部の企業はデュアル・システムを実践しており、この新しいシステムこそが経営者をずっと悩ませてきた問題を解決できると信じる。

この二〇～三〇年ほど、リーダーシップの育成がさかんに論じられている。混迷を深める世界では、一人か二人のトップだけでは事態に対処し切れないというのだ。だが伝統的な階層組織では、リーダーとなるために必要な情報も経験も、一握りの社員にしか提供されない。手軽に利用できるリーダーシップ養成講座といったものは存在するが、あまり役に立つとは思えない。リーダーに必要なものの見方やスキルは実践を通じて身につくのであって、教室で学べるものではないからだ。

またこのところ、会話の中でもさまざまな報告書の中でも「イノベーション」という言葉がひんぱんに使われる。だが読者が知っている範囲で、財務でもサプライチェーンでもＩＴでも何でもいい、真のイノベーションを起こした企業があるだろうか。経営者をのろまだとか目先のことしか考えていないと批判するのは簡単だが、注目すべきは組織のほうである。優秀なリーダーが頂点にいる階層組織と、効率と安定を追求するマネジメント・プロセスは、未来に飛躍するための設計にはなっていない。イノベーションを起こすにはリスクをとらなければならないし、従来の枠組みからはみだすような思考をしなければならないし、サイロに閉じこもっていないで広い視野を持たなければならない。だが経営陣を頂点とする指揮統制型の階層組織は、リスクを最小限に抑え、社員に前例を尊重させ、各部署に守備範囲を守らせるようにできている。この組織を大胆に変えようとするのは、負け戦を戦うに等しい。

社員の潜在能力と情熱を引き出し、そのエネルギーを活かして課題を克服するといった本は、半世紀も前から何冊も書かれている。だが、スタートアップ以外でそれに成功した経営者はほとんどいない。なぜか――今日の仕事をこなすために設計されたシステムで働いているからだ。このシステムは、多くの場合よき意図からであるが、おとなしく賢くふるまい、命令に従い、前にうまくいった仕事を繰り返すように社員を導く。

昨今、コンサルティング業界の評判がよろしくない。コンサルタントの報告書のとおりにしても、競争環境に適応した戦略の立案はまだしも、実行はとうてい不可能だというのだ。今後二年、あるいは五年、あるいは一〇年にわたって有望な分野を予測し、少人数のチームを編成して効率よく取り組む、といった合理的かつ理論的でスマートな報告書が大成功を収める確率は、下がる一方だと言ってよい。これは要するに、世界の変化がますます速くなり、予測困難になっているからである。

その一方で、多くの人がスピードと俊敏性を切実に求めており、それを研究した本も多数書かれている。『フィナンシャル・タイムズ』紙がコンサルティング・ファームの役員・管理職を対象に行った調査では、回答者の九〇％以上が「スピードと俊敏性」の重要性がここ五年間で急増したと答えた。また「今後一五年間で競争優位の源泉となるものは何だと思うか」という質問に対しては「事業環境の変化への即応性」という回答が最も多かった。

しかし実態を見れば、一部の小さなハイテク企業を除き、変化に俊敏に対応できている企業はほとんど存在しない。いつものやり方を微調整したり、階層組織に強力なプロジェクト・チームを追加したりするのは、象の歩みを早めようとロケットエンジンをくくりつけるようなものだ。これで象が飛ぶはずもあるまい。

本書の構成

ではどうすべきか。続く第2章では、デュアル・システムの特性を説明する。階層組織＋ネットワーク組織の構造、システム全体をうまく機能させるための原則、加速するためのプロセス、そしてキーパーソンについてくわしく述べるつもりだ。そして第3章では、変化の速い世界で動きを加速することの価値について、それが成功したときの見返りと失敗したときの損失について考える。第4章では、企業組織の進化の過程を取り上げるとともに、従来「ベストプラクティス」とされてきた変革手法ではなぜ停滞を防げないのかを考える。続く第5章では、デュアル・システムを採用した企業とその成果を紹介する。そして第6〜8章では、デュアル・システムをどのように構築するか、実践的に解説する。

本書で取り上げるデュアル・システムのめざましい成果はけっして絵空事ではなく、すべて現実にあったことであり、話を聞いただけでなく、私がこの目で確かめたものである。実践した企業の数はまだ少ないが、彼らの実例を見れば、デュアル・システムによって何が可能か、またそのために何が必要なのかが理解できよう。これらの先駆的な試みは、いずれ広く浸透すると信じる。彼らから学べることは多いし、いますぐ学び始めるべきである。

第2章

デュアル・システムとは何か

高業績企業は実施していた

今日では、競争優位を発見するため、あるいは二一世紀のニーズに取り組むためと称する新しいマネジメント・ツールが毎週のように提案されている。これらのツールとデュアル・システムは、どう違うのだろうか。答えは二つある。

第一に、デュアル・システムは単にマネジメントのための組織ではなく、戦略的なイニシアチブを主導して大きなチャンスをつかみ、あるいは重大な脅威を回避するための組織構造である。第二に、デュアル・システムは新しいアイデアではあるが、実はこのやり方自体は何年も前から実践されていた。ただ、はっきり認識されていなかっただけである。

現在の高業績企業は例外なく、ライフサイクルのうち最もダイナミックな成長を遂げている時期に、多かれ少なかれデュアル・システムを採用していた。場合によっては、ある程度成熟してからも維持しているケースもある。しかし、企業の多くはそのことに気づいていない。

デュアル・システムの構成

「デュアル」という名のとおり、このシステムは階層組織とネットワーク組織の二重構造になっている。ネットワーク部分は、起業当時の組織、すなわち組織図によって上下関係が明確化され職務記述書によって担当業務や肩書きが決められる前の組織に近い。言ってみれば刻々と変化する太陽系のような組織であり、太陽が全体を率い、惑星が戦略イニシアチブを進め、衛星が補助的なイニシアチブを担当するという具合になる（図表2-1）。

このネットワーク組織はきわめて動的で、さまざまな案件に応じてくっついたり離れたりする。階層組織は年単位でさえ大幅に変わることはまれだが、ネットワーク組織は絶えずやすやすと変化する。官僚的な階層もなければ、上下関係のタブーもなく、シックスシグマの縛りもないからだ。ネットワーク組織では、個人主義、創造性、イノベーションがおおっぴらに許される。これは、どれほどゆるやかな階層組織でもまず実現できないことだ。ネットワーク組織を形成するのは、年齢や地位の上下を問わず社内のあちこちから集まって来た人間であり、階層やサイロごとに滞留していた情報が自由に行き交い、何物にも遮られずに隅々まで勢いよく流れる。

デュアル・システムの階層部分は、ある重要な一点で今日の階層組織とは異なっている。それは、イノベーションや困難な改革や大規模な戦略イニシアチブの迅速な実行など、従来はタスクフォースや戦略部門でしのいできた仕事の大半を、ネットワーク組織に移管することだ。

これで階層組織の負担は減り、本来の仕事をよりよくこなせるようになる。つまり、日常業務を滞りなく処理すること、効率向上のために漸進的な改善を重ねること、ＩＴのアップグレードなど予測可能な調整を実行して戦略イニシアチブを支援することなどである。

図表2-1　デュアル・システム

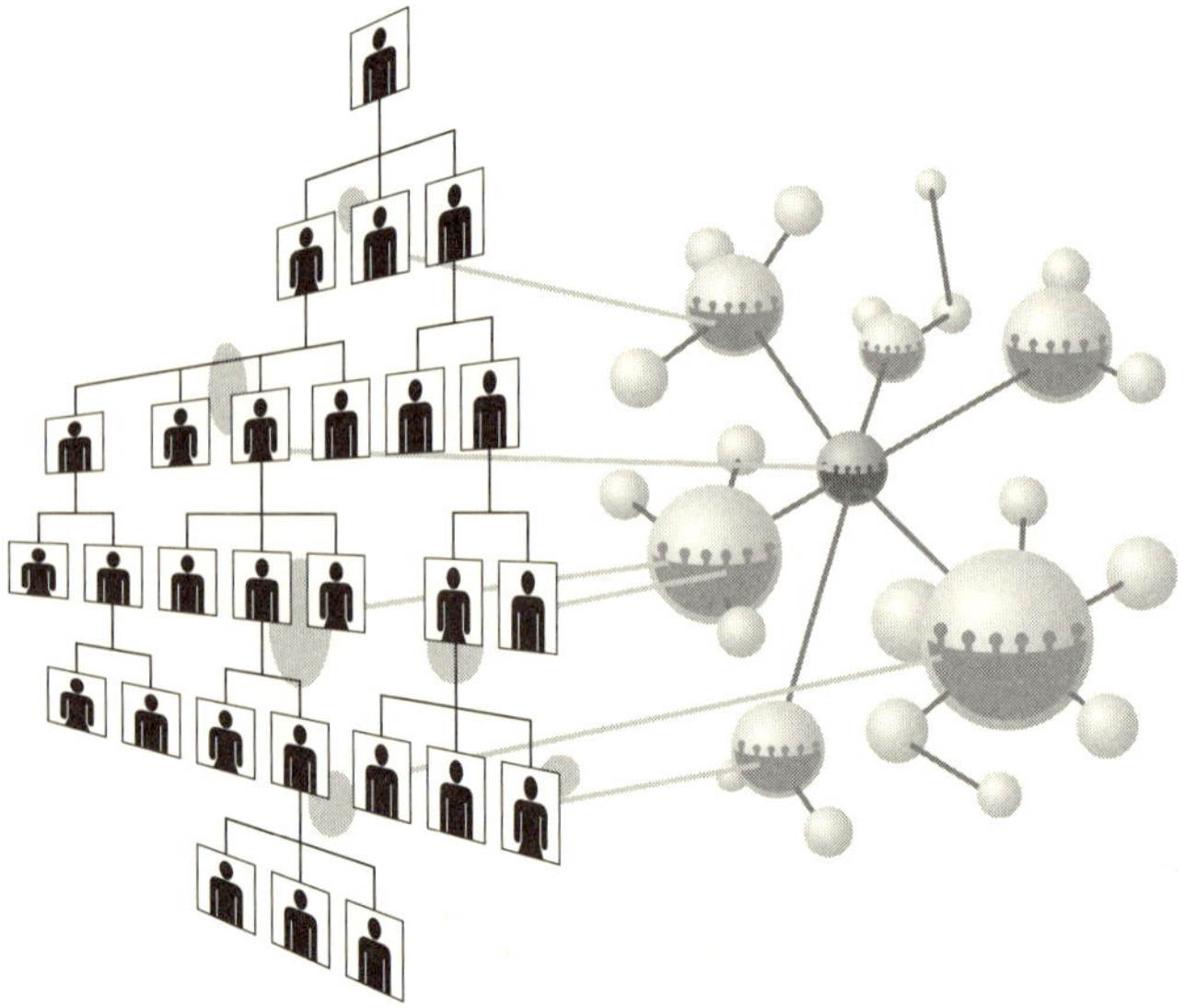

効率的で動きが速く信頼できる企業では、ネットワーク組織と従来の組織とがうまく噛み合っている。ネットワーク組織は幹部直属の「スーパータスクフォース」といったものとは異なり、主に両方のシステムに所属する人員を通じて階層組織とシームレスにつながっている。

ネットワーク組織の発足と維持で重要な役割を果たすのは経営幹部である。ネットワーク組織をスタートさせ、組織の発足を公に宣言し、後ろ盾となり、両方のシステムを調整するのは経営幹部でなければならない。階層組織のトップにいる人間が、ネットワーク組織との相互作用を重視し、この点で部下のお手本になること——これがデュアル・システムを成功させる絶対条件である。

経営幹部が多大な時間を注ぎ込むには及ばないが、はっきりと支持を打ち出すことによって初めて、ネットワーク組織は胡乱《うろん》な「アウトサイダー集団」やあやしげな「影の組織」ではなくなるのである。ここではっきりとお断りしておくが、ネットワーク組織は心温まるちょっとした試みや人助けを行う組織ではない。競争と勝利のために設計されたシステムの一部であることを、ゆめゆめ忘れないでほしい。

デュアル・システムは、けっして机上の空論ではない。成功している企業は、多くは創業初期の時代にこの段階を経過している（くわしくは第4章）。この点は大阪のパナソニックも、ニューヨークのモルガン・スタンレーも、ロンドンの非営利組織も変わらない。ただしデュアル・システムのネットワーク部分は、日常的にはあまり目立たず、大方の社員が気づかない。そこで、いつの間にか立ち消えてしまうことになる。スタートアップから成熟して企業の体《てい》をなすようになると、ほとんどの組織が自然に一つのシステム、すなわち階層組織に収斂《しゅうれん》し、創業当初のネットワーク組織は雲散霧消する。

ものごとの変化がゆっくりだった時代には、堅実で効率的な組織と大胆で俊敏な組織を両立させる知恵と努力が欠けていたとしても、さほどの痛手にはならなかった。だが、いまはもうそうではない——パナソニックにとっても、モルガン・スタンレーにとっても、他のすべての組織にとっても。

デュアル・システムを成功に導く五つの原則

デュアル・システムを成功させるカギは次の五つの原則である。これらは、さまざまな事例を観察して共通項を抽出したものである。

・社内のさまざまな部門からたくさんのチェンジ・エージェントを動員する

すべてはここから始まる。スピードと俊敏性を実現するためには、戦略的に重要な情報の収集にも、意思決定や実行にも、従来とは異なる方法を導入しなければならない。動きを加速したいなら、一握りのチェンジ・エージェントでは足りない。ネットワーク組織には、一般に考えられている以上に多くの目、多くの頭脳、多くの手足が必要だ。また真のイノベーションを生み出すには、独自の見方を持つ人間、強力な人脈を持つ人間を加えることが望ましい。さらに、指示を与えて動かすのではなく、自由裁量の余地を与えることも大切である。とはいえ、混乱、決裂、重複、浪費を防ぐためのしっかりした規律は欠かせない。とりわけ重要なのは、ネットワーク組織を形成するのが社内の人間であることだ。有能なコンサルタントが二〇〇人いたところで、実際の仕事ができるわけではない。

・「命じられてやる」ではなく「やりたい」気持ちを引き出す

名経営者と言われるような人の下では、大勢のチェンジ・エージェントが社内のあちこちから自ずと現れるものだ。これは、社員に自由な選択肢が与えられ、「前に進むために自分から何か始めてもよいのだ」と自然に感じられるような環境になっているからである。

そのためには、重要な目標、心躍る目的があり、その実現をめざして他のメンバーと協力したいと社員自らが名乗りを上げられる条件が整っていること、また実際にその手段が用意されていることが大切だ。何らかの重要な試みに加わることが名誉だと感じられるような環境であれば、社員は通常業務に加えて、よろこんで参加しようとするだろう。多額の費用をかけて、変革のための人材を新たに雇う必要はない。既存の社員のエネルギーを活かすべきである。

・理性だけでなく感情にも訴える

論理や数字や事例だけで説得しても、たいていの人は乗り気にならない。やはり、心に響かせることが大切である。歴史に残る名将に倣い、「大義のために尽くしたい」「全員の役に立つことをしたい」「未来に資することに参画したい」という人間の本性に訴えかけよう。努力が報われるような大きな意義や構想を示せるなら、不可能も可能になる。

・リーダーを増やす

規模のさほど大きくない企業でも、数え切れないほどのルーチンワークがあるものだし、重要だが定型化された業務も少なくない。これらをこなすために多数のマネジャーが必要である。もちろんマネジャーにもそれなりのリーダーシップは必要だが、彼らの仕事を支えるのはマネジメント・プロセスである。対照的に、現れたかと思うと消えてしまう予測不能なチャンスを探り、逃さず捉え、これまた予測不能なリスクを巧みに回避するには、マネジャーよりもリーダーが必要になる。

ここで言うリーダーとは、たった一人のトップ・エグゼクティブのことではなく、その場に応じてリーダーシップを発揮できる人間のことである。計画管理、予算遵守、報告、報酬、説明責任といったことを無視してよいわけではないが、これだけでは変化の速い世界での成功はおぼつかない。デュアル・システムに求められるのは、何よりもまず先見性、即応性、俊敏性、行動力、情熱、革新力、高揚感である。

・階層組織とネットワーク組織の連携を深める

二つの組織の間ではつねに情報が行き交い、両者が相互作用し、一つのシステムとして機能しなければならない。階層組織で業務を担当している社員が自主的にネットワーク組織に参加することで、これが可能になる。二つのオペレーティング・システムが、二種類の異なる人員で構成される巨大な二つの縦割り組織になってはならない。

たとえば、ゼロックス本社とパロアルト研究所は、まさに二つの巨大サイロだった。パロアルト研究所は卓越したイノベーションを次々に生み出したが、本社は研究所自体をまともに扱わず、せっかく開拓された夢のようなビジネスチャンスを活用しなかった。新しい試みは、最初は得体が知れず間違っているように見えるし、自分の地位を脅かすようにも感じられるものだ。デュアル・システムも、おそらくそうだろう。だが教育研修や、トップの手本や、成功例の学習などを通じて、やがては浸透し、組織のＤＮＡとなり、それが「ウチのやり方」になっていく。

これら五つの原則は、階層組織で慣れ親しんだやり方とはずいぶん違う方向性を示しているように見えるだろう。階層組織で何か新しいことを試みる場合には、少数の人間を指名して特命チームを編成し、特定の目標をめざすプロジェクト・マネジメントの手法で実行するやり方が一般的だ。この方法は、とりたてて急ぎの課題ではなく、社内での反発や抵抗もあまり強くなく、目標が明確かつ具体的でとくにイノベーションを必要としないのであれば、うまくいく（こともある）。だが今日では、そのようなケースは少なくなっている。

また五つの原則からは、ネットワーク組織の行動が、階層組織の行動とは大きく異なることも理解できるだろう。一方がソフトで他方がハードだとか、一方がいい加減で他方がきちんとしているとか、そういうことではない。どちらにも組織としての規律はあり、システムとして機能する。ただ、行動のあり方が違うのである。

階層組織における計画、業務管理、評価といった効率的経営のプロセスが今日よく知られているのに対し、ネットワーク組織において短期的な成果を上げるプロセスはあまり知られていない。

一つ確実に言えるのは、うまくいっている階層組織が単に上からの命令に従う指揮統制型組織ではないように、うまくいっているネットワーク組織とは、やりたいことを手当り次第に試みる熱狂的なオタク集団ではないということである。

ネットワーク組織がとるのは、戦略的に重要なイニシアチブを加速させるための行動にほかならない。そこでネットワーク組織の基本プロセスを、加速するためのプロセスという意味を込めて「アクセラレータ」と名づけることにしたい。

八つのアクセラレータ

ネットワーク組織の基本プロセスは、起業したばかりの活気ある組織とよく似ている。それらは『企業変革力』で紹介した八段階の変革プロセスとほぼ共通するが、異なる点もある。経営トップが率先して動くこと、ネットワーク組織と階層組織が噛み合い一つのシステムとして機能すること、このシステムはいったん形成されたら止まることなく機能し続けることだ。

ネットワーク組織を機能させ、加速させる八つのアクセラレータを以下に掲げる（**図表2-2**）。

図表2-2　8つのアクセラレータ

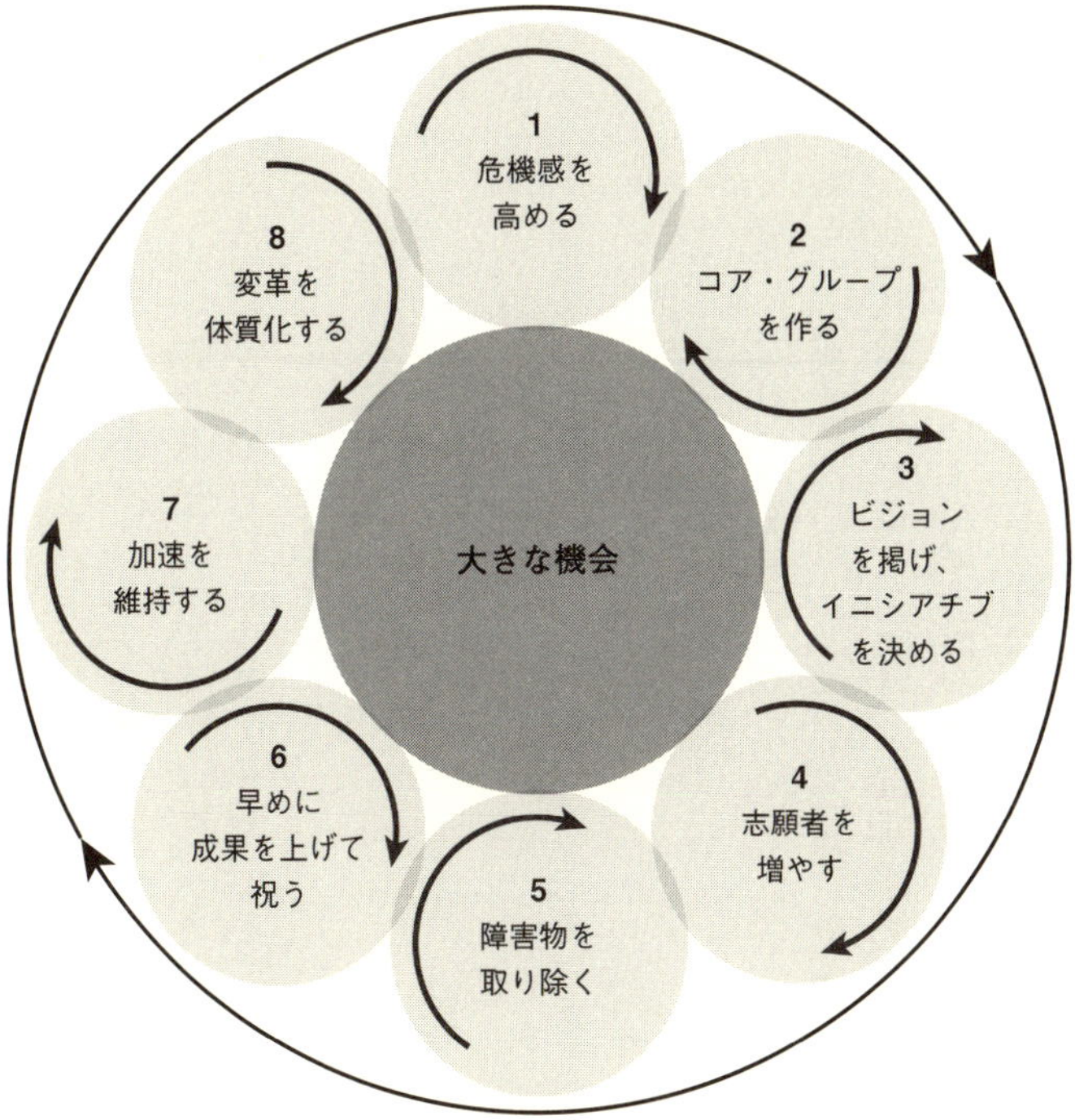

①危機感を高める

できるだけ多くの社員が危機感を抱き、それを持ち続けること。これがアクセラレータ①である。このままではいけない、飛躍の機会が視野に入ってきたときに、ぜひともこの機会を活かさなければ、という危機意識を持つ。これがすべての始まりになる。危機感こそが、成熟した組織に慣れ切った人間には不可能と見えることを可能にする。そのために有効なのは、自社の可能性や未来の機会を宣言の形で明確に示すことである。

今週のトラブルに対しても危機感を持つべきではあるが、ここで言う危機感は、現状維持では存続できないことを理解し、あっという間に逃げてしまう機会を逃すまいとする意識である。アクセラレータ①がうまく働いていれば、経営幹部だけでなく大勢の社員が、有望な機会をぜひとも活かしたい、そのためには自分に何ができるだろうか、と日々考えるようになるはずだ。

アクセラレータ①はきわめて重要であり、本書の後半では、危機感の醸成と大きな機会へのフォーカスについて、二つの章を割いて解説する。

②コア・グループを作る

アクセラレータ②は、ネットワーク組織の母体となるグループを形成することである。これは危機感を一段と高めると同時に、方向性を与えるものだ。コア・グループを中心に形成されたネットワーク組織は、時とともに強化され、洗練されていく。コア・グループに望ましいメンバーは、強い危機感を持ち、戦略的課題に取り組む意欲があり、自社の可能性を信じ、機会を活かそうと決意した人たちである。そうした人材を社内各所から年齢・地位を問わずに集める。リーダーを志し、チェンジ・エージェントになる意思があり、他の社員を感化できる人間であると同時に、大きなチームの一員として効果的に活動できる人間であることが理想だ。こうした人材が結集したコア・グループは、やる気満々で、頭も心もデュアル・システムに賛同しているだけでなく、この新しい太陽系の中心となって機能するために必要な人脈、スキル、情報も備わっている。

社内に危機感が充満していれば、コア・グループのメンバーを募るのは意外にたやすい。単に階層組織の異なる階層やサイロから選んできた人間を一つの部屋に集めたら、地位の高い人を中心とするかっちりした上下関係ができるだけだろう。だが危機意識が高く、かつ有望な機会が提示されている状況では、これまでにないやり方も取り入れやすい。すこしばかりの助言や指導があれば、コア・グループと経営幹部はともに階層組織とネットワーク組織をうまく噛み合わせ、新たなスピードと俊敏性を生み出すにはどうしたらよいかを模索し、学ぶことができるだろう。

③ビジョンを掲げ、イニシアチブを決める

コア・グループが形成されたら、次には①で特定された機会の実現に向けたビジョンを掲げること、それをイニシアチブに落とし込むことがアクセラレータ③となる。

初めてデュアル・システムを構築する場合には、ビジョンとイニシアチブの大半は予め経営幹部によって決められていることが多いだろう。しかし最初に実行するイニシアチブには、コア・

グループが「ぜひやりたい」と意気込むものを選ぶべきだ。経営トップが重要と認めたものであって、かつ階層組織では遂行できない、少なくとも十分なスピードでもって実行できないものを選ぶとよい。

④志願者を増やす

コア・グループのメンバーは、手を貸してくれそうな社員とコミュニケーションをとり、社内にビジョンと戦略イニシアチブを浸透させる。うまくやれば大勢が手を挙げ、大きなうねりを起こすことができるだろう。そして「この仕事なら手伝える」とか「人手が足りないときには声をかけてくれ」という仲間を増やせるはずだ。このアクセラレータ④はあたかも重力のように作用し、太陽系に惑星や衛星を引き寄せる。

⑤障害物を取り除く

ネットワーク組織への参加を志願する社員は機敏に動き、最初のイニシアチブを実行中にも、めざとく次の課題を見つけることだろう。ネットワーク組織では、誰もが起業家精神を発揮し、自由に意見交換し、新しいことを試行錯誤する。このとき、戦略的に重要な行動を阻む障害物を見つけて取り除くことが大切であり、これがアクセラレータ⑤となる。

またデュアル・システムは、つねに階層組織の動向に注意を払わなければならない。ここが、スタートアップと違う点である。階層組織ではいま何をしているか（重複を避ける）、過去に何をしたか（すでに耕した土地を耕す必要はない）、目標や戦略はどうなっているか（方向性がばらばらにならないようにする）。階層組織のあらゆるレベルとの風通しをよくすることで、ネットワーク組織の行動はスピードアップする。

⑥早めに成果を上げて祝う

ネットワーク組織に参加する社員は、大小を問わず戦略的に重要な成果を上げるべく努力しなければならない。誰から見てもわかりやすく、全社にとって意義のある成果が望ましい。そして成果が出たら、簡単でいいからお祝いすること――これが、アクセラレータ⑥になる。

成果自体はもちろんだが、お祝いの心理的効果も絶大で、デュアル・システムの構築・維持を支える大切な役割を果たす。このシステムはやってみる価値がありそうだ、という信頼感の醸成につながるのである。いったん信頼が得られれば、進んで協力を申し出る社員はどんどん増えるだろう。早い段階での成果は、デュアル・システムに対する認識と理解を高める。そして最終的には、自分自身はネットワーク組織に参加する意思は毛頭ない管理志向のマネジャーからでさえ、協力を引き出すことができるだろう。

⑦加速を維持する

一つ、二つと成果が上がるとつい一息つきたくなるものだが、ここで手を緩めてはいけない。立ち止まらず走り続けることがアクセラレータ⑦である。たとえそれ自体としてはさほど戦略的に重要でないとしても、小さなイニシアチブで着々と成果を出していくことが大切であり、それが最終的には大きな成果につながる。

逆に、補完的、二次的なイニシアチブをないがしろにしていると、重要なイニシアチブは勢いを失い、成功は遠のいてしまう。だから、新しいチャンス、新たな脅威に注意を怠らないことだ。それによって、他のすべてのアクセラレータもうまく働く。つまりアクセラレータ⑦は、クルマのエンジンで言えばスパークプラグに当たると言えよう。火花を飛ばし続けないと、大きなクルマも走ることができない。

⑧変革を体質化する

最後は、勝ち得た成果を組織に組み込むことである。階層組織のシステムや業務プロセスや行動に取り込み、継続的な変革が組織文化として根付くようにする。こうして絶えず自らを変えられるようになれば、大きな蓄積効果が期待でき、数年以内にはデュアル・システム方式が組織の自然なあり方になるだろう。

八つのアクセラレータがうまく働けば、ネットワーク組織の構築に伴う困難も自ずと解決されるはずだ。アクセラレータの作用によって活気と協調精神が生まれ、階層組織とネットワーク組織は噛み合い、自ずと協力し合うようになる。そうなればチャンスを逃さず捉え、リスクを巧みに回避できるようになるため、会社全体が加速的に成長していくと期待できる。こうしてデュアル・システムは組織に定着し、厳しい競争に勝ち、野心的な目標も達成できるようになるだろう。しかも高い報酬で外部から人材を引き抜く必要もなければ、日常業務の妨げにもならず、したがって業績目標を棚上げする必要もない。

ネットワーク組織の波及効果

ネットワーク組織に参加し、戦略イニシアチブを推進する社員は、階層組織の日常業務の効率改善にも貢献する。そもそも彼らは階層組織に所属している社員であって、けっして雇われコンサルタントでもなければ、新たに採用されたプロジェクト要員や社長特命タスクフォースのメンバーでもない。

経験から言うと、階層組織から管理職や平社員の五〜一〇%が参加すれば、ネットワーク組織は十分に機能する。次の二つの理由から、この点はデュアル・システムを成功させる重要な要因と言えるだろう。第一に、この五〜一〇%の社員は階層組織で働いているので、会社のことをよくわかっているし、人脈もあり、信頼もされていて、影響力もある。チャンスやリスクに最初に気づくのも、この五〜一〇%であることが多い。彼らは、環境さえ整えば率先して取り組む意欲と能力を持ち合わせている。そして第二の理由は、このやり方なら新たな予算は（ほとんど）必要ないことだ。

アクセラレータ①がうまく働き、社内に危機感が充満して数少ない機会を活かそうと気力が充実した状態であれば、ネットワーク組織に志願するエネルギーと決意を持ち合わせた社員を見つけるのはそう困難ではない。社内のさまざまな階層や部署から結集した意欲的な人間が一つの方向に沿った行動をとるなら、一つひとつは小さな行動であっても、戦略イニシアチブの推進に必要なパワーが得られるはずだ。

デュアル・システムを見たこともない人は、意気込む志願者が集団を形成したら問題を解決するどころか新たな問題を引き起こすのではないか、むやみに突っ走ったり、性急に決断を下したりして、通常業務を妨害することにならないかと心配しがちだ。たしかにその気持ちはよくわかる。だからこそ、ネットワーク組織を原則に則って構築し、加速のためのプロセスを決めておくわけである。

つまり、思いつきでアイデアを出すのではなく、階層組織から収集したデータに基づくアイデアを出すことが求められ、さらにはアイデアを出すだけでなく実行することが期待され、業務を円滑にこなすだけでなくそれらを絶えず改善し、より効率的・効果的・低予算で行うべく創意工夫が要求される環境を用意するのである。

デュアル・システムが定着した組織では、「ネットワーク組織に参加して得られる見返りは思いがけず大きい」という声をよく聞く（**図表2-3**）。ただし、金銭的な報酬ではない。ここで言う「見返り」とは、心から賛同できる全社的な目標のために貢献できた、という達成感である。あるいは、階層組織のふだんの仕事では出会う可能性のない他部門の社員とともに働くチャンス

図表2-3　デュアル・システムの特徴

デュアル・システム		
階層組織		ネットワーク組織
主な特徴 ・信頼性と効率 （現在にフォーカス）	←→	**主な特徴** ・俊敏性とスピード （未来にフォーカス）
副次的な特徴 ・漸進的な変革 ・計画的な変革	←→	**副次的な特徴** ・恒常的なイノベーション ・リーダーシップの発揮
マネジメント・プロセス ・計画、予算 ・業務分担 ・報酬 ・評価基準 ・問題解決	←→	**アクセラレータ** ・危機感 ・コア・グループ ・戦略ビジョンとイニシアチブ ・志願者の拡大 ・障害物の排除 ・早めの成果 ・加速の維持 ・変革の体質化

を得られたよろこびである。

また、ネットワーク組織で戦略イニシアチブを遂行する経験を通じて視野が拡がり、結果的に階層組織での評価が高まり昇進したという社員も少なくない。これはうれしい余録と言えるだろう。

部下をネットワーク組織に送り出したマネジャーも、その成長を評価することが多い。たとえばヨーロッパの顧客から、こんなメールをもらったことがある。

「第二のシステムで鍛えられた社員の成長ぶりがめざましい。人間は、一度自信がつくとぐんと伸び、本来の仕事でも進歩を示すものだと実感している。おかげで通常業務の効率も上がってきて、たいへん感謝している」

推進力を生むために

デュアル・システムは、始めから完全な形でスタートする必要はないし、組織全体を大々的に作り替える必要もない。だから、思うほどリスクは大きくないと言ってよい。デュアル・システムは時とともに有機的に発展し進化する組織であり、やがて行動を加速し、今日の企業とはかなり異なる形をとるようになる。ネットワーク組織の構築は、ごく小さい範囲から始めてもかまわない。たとえばサプライチェーン・システムから始めてもいいし、欧州事業部から始めてもいいだろう。そこで定着し、成果が上がったら、他の部門に拡げればよいのだ。

また最初のネットワーク組織は戦略策定にはかかわらずに実行だけを担当し、いかにすばやく、いかに新しいやり方で実行するかということにだけ専念してもよいだろう。初めは、人数を増やさずに成果を上げる取り組みの演習のように見られるかもしれない。だがネットワーク組織もアクセラレータも進化するので、予想以上に早く勢いが生まれるはずだ。経営陣が新しいシステムをよく理解し、後押しし、広告塔の役割を果たす限り、また新組織がしかるべき成果を上げ、その存在意義を示す限りにおいて、デュアル・システムは定着し、「ウチのやり方」になっていく。

当然ながら、それは容易ではない。過去七年にわたり、われわれのチームは多くの組織のデュアル・システム構築に手を貸してきた。政府部門もあれば民間部門もあり、製造業もあればサービス業もあったが、どこでもボトルネックとなる課題はおおむね同じだった。一つは、デュアル・システムを構成する二つの組織をうまく調和して機能させることである。そのためには、ネットワーク組織の核となるコア・グループと経営陣が密に連絡をとり、適切な関係性を維持することが欠かせない。もう一つは、勢い、あるいは加速力を生み出すことである。勢いを生むために最も効果的なのは、早い段階で成果を上げ、それを組織全体に宣伝することである。

しかし何と言ってもいちばんむずかしいのは、経営陣を頂点とする指揮統制型の階層組織で働くことに慣れ切っている社員に、デュアル・システムも「あり」だ、そういうやり方も可能だと、信じさせることだろう。ここでは、教育や研修が役に立つ。また階層組織のトップによる率先垂範も効果的だ。とはいえ何よりも有効なのは、組織全体で危機感を共有していることである。チャンスを逃してはならないという危機意識を社員一人ひとりが抱き、大きな機会を何としても活かそうという機運が一気に高まるなら、コア・グループの編成やアクセラレータの始動はほぼ自動的に行われるだろう。

デュアル・システムの構築は、けっして既存の組織に急激なショックを与えるものではないし、解体や破壊を伴うものでもない。何か巨大な構造物を築き上げてから、おもむろにスイッチを入れるというものでもない。予算が限られている状況では、デュアル・システムのアプローチにコストがほとんどかからない点も大きな魅力だ。ネットワーク組織は階層組織よりも動きが速く、志願者や協力者を巻き込みながら増殖し拡大する性格を備えている。

変化の速い今日の世界では、単一システムの組織は遠からず機を逸して衰退していくだろう。

二一世紀に求められているのは、まったく新しい組織構造である。二〇世紀に成功したやり方にしがみついていては立ち行かないことが明らかになり、新しい試みができる状況になってきたことは喜ばしい。新しい組織編成に成功するなら、戦略的な課題に直面したときに優位に立てると確信する。よりよいモノやサービスを生み出し、富を拡大し、雇用を創出する余地はまだまだあるし、それを過去よりも速いペースで実現する可能性もある。急速に変化する世界にはマイナスの面もあるが、プラスの面は途方もなく大きい。

デュアル・システムの導入に当たって学ぶべきことは多いが、他社に先駆けて取り組む企業は、そう遠くない将来に長期的な成功を実現できると信じる。デュアル・システムは、株主にとって、顧客にとって、社員にとって、そして企業自身にとっての息の長い成功を約束する。しかしこの取り組みに遅れをとるなら、存続はおぼつかず、衰退は避けられないだろう。

第3章

失敗事例に学ぶ、企業が陥りがちな罠

P社の事例——新しいCEO、新しい戦略

ここでは新しい戦略に古いやり方で臨んでしまった実際の企業の例を紹介しよう。本書で取り上げる他の事例と同じく細部をいくらか変えてあるが、重要な部分は十分に理解していただけると思う。この企業が直面した課題は、今日の多くの企業に共通する。だから「これはウチの会社にも当てはまるのではないか」と考えながら読み進んでほしい。

ここで紹介するのは、いわゆるプロフェッショナル・サービス会社である。仮にP社としておこう。P社は業界三位のシェアを維持していたが、グローバル市場での競争激化に加えてテクノロジーの急速な進歩に巻き込まれ、四位に転落しかかっている。はなはだ好ましくない事態だ。CEOは退陣し、取締役会は社外から有望な人材を登用した。関連業界の小さな会社での経営手腕に高い評価を得た、きわめて先見性に富む人物である。

新CEOは就任後ただちに、直属の戦略研究チームを立ち上げた。マネジャーを何人か選抜して戦略策定に専念させると同時に、一流のコンサルティング会社も雇って調査を依頼した。チームの使命は、現行戦略を維持した場合の将来展望を見きわめること、新たな戦略的優位性を確立しうる機会にはどのようなものがあるかを見つけることである。新CEO自身はこの二点について明確な意見を持ってはいたが、戦略研究チームに対しては、事実を集めて分析することが大事

だと強調した。

四カ月後、戦略研究チームは執行委員会に報告書を提出する。報告書には、現状のままでは会社はあっという間にシェア四位に転落するだろう、その場合に失うものはきわめて大きい、とはっきり書かれている。そして、四位転落を防ぎ、またシェアを伸ばすための有望な機会がいくつか挙げられていた。

そのうちの一つを新CEOは大いに気に入った。現行システムをよりシンプルにした使い勝手のよいソリューションを開発・提供するというもので、顧客の差し迫ったニーズにぴたりと応えられる可能性が高いと考えられた。業界の一部のスタートアップはすでにこれに類似するソリューションに気づいていたが、彼らは大手に太刀打ちできるだけの規模も資金力も現場能力も知名度も持ち合わせていない——いまのところは。

いますぐ動いて新システム開発戦略を実行に移せば機先を制することができるはずだ、と新CEOは力強く宣言した。業界上位の大手が、大組織にありがちなことだが、官僚的になり古くさく鈍重になっていることを考えれば、勝機は十分にある。戦略研究チームとコンサルティング会社が収集・分析したデータを示しながら、新CEOは「うまくやれば五年以内に業界一位に躍進できる。そうなれば時価総額を一〇億ドルは拡大できるだろう」との展望を示した。新戦略を検討した執行委員会はゴーサインを出し、さらに入念に吟味した取締役会もOKを出す。

新しい戦略では、積極的な買収が予定されていた。だいたい年に一社のペースで、同様のソリューション開発に着手しているスタートアップをすべて取り込んでいくほか、やはり同じ方向で動いている中堅企業も買収する計画である。

そのほかに急を要するプロジェクトがいくつかあり、その筆頭はグローバルな人事情報システムの開発だった。人件費の正確な情報をリアルタイムで提供するシステムで、世界各地に散らばる社員全員の給与だけでなく、福利厚生費から社用車にいたるすべてのコスト、さらには人員を増やす場合に必要なオフィススペースや賃貸料までを瞬時に計算できる。P社はサービス企業であるから、人件費は支出全体の中で高い比率を占めるが、現行システムではコストの全貌をリアルタイムで知ることができない。国ごとに異なるシステムを使っているからだ。国外事業の比率が高まるにつれて、この問題は深刻化していたのである。

人事情報システムを開発する

さっそく人事情報システム開発のためのタスクフォースが編成され、システム・コンサルタントに見積依頼が出された。コンサルタントが提示した複数のプロポーザルから、一案を選ぶまでに二カ月。驚くべき速さである。タスクフォースの指示で全世界の拠点を視察したコンサルタントは、シームレスなグローバル・システムを提案してきた。そのシステムは、現在のニーズからすればかなり高度で複雑だったが、「もうすこし単純なシステムを導入した場合、結局は数年後に交換しなければならなくなる。それなら、いま正しい選択をするほうが安上がりだ」とコンサルタントは主張した。

説得力ある説明にタスクフォースは納得し、執行委員会に計画書を提出する。新CEOは複雑なシステムの導入に難色を示し、実施に要する期間やコストにも懸念を示したが、このコンサルタントがIT分野で最も信頼が置けることも勘案し、最後は承認した。「締切と予算を厳守すること、現在の業務をできるだけ妨げないこと」という条件付きで。

すぐに詳細計画が策定され、プロジェクト・マネジメント室が設置され、シニア・プロジェクト・マネジャーが選任された。タスクフォースと社外のコンサルタントは、プロジェクト開始後も支援部隊としてとどまる。こうして人事情報システムの開発・導入がスタートした。

はたして、プロジェクトの価値は

このグローバル人事情報システムの導入がうまくいったら、すなわち予定通りに予算内で導入が完了し、トラブルもなく首尾よく機能したら、それによって得られるメリットはどれほどだろうか。

この質問をされたマイアミ・オフィスのプログラミング・スーパーバイザーは、こう答えた。

「私の予算権限は二万五〇〇〇ドルだ。この範囲を超えること、とくにグローバル・ベースのプロジェクトはやったことがない」

「このプロジェクトが成功した場合の価値は、あるいは失敗に終わった場合の損失は、どれくらいだと思う？」

「会社全体にとって、という意味で？」

「そうだ」

「全然わからない。さっきも言ったが、自分の裁量権を超えているのでね」

「当てずっぽうでいいから」

「そのプロジェクトのことはよく耳にするよ。だから、ただのプロジェクトとは違うってことは知っている」

「で、会社全体にとっての価値は？」

「そんなこと、わからないよ。ほんとに当てずっぽうだよ……とにかく、六桁だな……つまり数十万ドル。それも上のほうだ」


このスーパーバイザーの上司の意見はこうだった。

「グローバル・プロジェクト予算がついているんだろう？　噂じゃ、八〇〇万ドルらしい」

「となると、会社全体にとっての価値は？」

「価値って、どういう意味で使っているんだ？」

「何でも、君の考える意味でかまわない」

「うーん……数百万ドルだな。それ以上かもしれないけど、その可能性は低いと思う」

同じ質問をされた人事（ＨＲ）部門のトップはこう答えた。

「このプロジェクトにＨＲとして投入する予算は約五〇〇万ドルだ。残りはＩＴ部門が負担する」

「では、会社全体にとっての価値はどれほどだろうか？」

「それは場合によるね。このプロジェクトの予算総額はだいたい八〇〇万ドルだ。いろいろわけがあって、この計画は思ったより厄介だと聞いている。ちゃんと予定通り完了し、予算内に収まるかどうかは、私じゃなくてＩＴのシッドに聞くほうがいい」


ＩＴ部門トップのシッドの答えはこうだった。

「会社全体にとっての価値かい？」

「そうだ」

「導入が予定より遅れたら、大規模な買収計画にも、サービス簡素化の第一段階にも間に合わないことになる。たぶんそうはならないと思うが……。ただ、終わってみるまでコストがはっきりしない可能性はある。そうなると、かなり困ったことになるな」

「で、会社全体にとっての価値は？」

「予算八〇〇万ドルのプロジェクトだからねえ。たぶん数百万ドル台だと思うが、八桁に達する可能性もある。だからこうやって真剣に取り組んでいるんだ」


この質問をＣＦＯ（最高財務責任者）にもしてみた。

「ジョージ（CEO）は今後五年間で何ができるかについて、大胆なビジョンを持っている。これから先、一〇件かそれ以上の大型プロジェクトを実行して、しっかりと位置固めをするつもりなんだ。最後に検討した時点で、プロジェクト全部の総額は一億七〇〇〇万ドルだったよ。これはウチにとってけっして小さな数字ではない。したがって、かかっているものも大きい。今回の人事情報システムは、全体から見ると小さなパーツに過ぎない。だが、不可欠なパーツだ。どれか一つのプロジェクトがうまくいかなくても、時価総額を一〇億ドル増やすというCEOの目標に悪影響を与える。だから、今回のシステム導入だけの価値を言えと言われても困るね。過去にこの種の試みをしたこともないわけだし。確実に言えるのは、買収戦略との相互作用を考えれば、数千万ドルの価値はあるということだ。もっとかもしれない。IT部門の連中が考えているより大きいことはたしかだね」

最後に、CEOの答えを挙げておこう。

「今後八カ月以内に実行するプロジェクト全部の価値は、大方の社員の想像をはるかに上回るだろうね。というのも、プロジェクトの相互作用によって生み出されるものがとてつもなく大きいからだ。すべてが順調に行けば、私はそうなると信じているが、この会社は五年以内に変貌を遂げ、これまで考えたこともなかったような将来展望を描けるようになるだろう。この会社にはまだまだ成長の余地があるし、時価総額にしても一〇億ドル、いやもっと拡大できるはずだ。私は過去にもっと小さい会社でこうした試みを成功させたことがある。だからこの会社にそうした経験がなくても、きっとうまくやれると確信している」

「では、今回の人事情報システムがうまくいった場合に会社全体にもたらす価値、あるいは失敗した場合の損失はどれほどだと思いますか？」

「どれか一つのプロジェクト単独の価値を言うことはむずかしい。だがもし予定より半年遅れたり、予算を五〇％も上回ったりしたら、その場合には数百万ドルの損失が生じるだろう。完全な失敗に終わったら？　私がチェックしている限りではそういうことにはならないとは思うが、万一そうなったら数千万ドルの痛手だね。予算が八〇〇万ドル程度のプロジェクトに五〇〇〇万ドルかかっているなんて、君は信じられないかもしれないが、私はそう信じている」

暗礁に乗り上げる

人事情報システムの導入は、最初のうちは順調に見えた。ところがある日、ＣＥＯが最重点事業と位置づけている事業の本部長が、ＩＴスタッフから気掛かりな報告を受ける。今回のプロジェクトに人手をとられるので、営業部門で推進中の別の案件が遅れそうだというのだ。そこで会議が開かれ、営業部門の販売予想が下方修正された。これを知ってＣＥＯは立腹した。こうして営業、ＩＴ、ＨＲの間で緊張が高まっていく。

そうこうするうちに、最重点地域に指定された中国を含む四カ国のマネジャーから苦情が来た。

プロジェクトがありすぎて手が回らない、とりわけ人事情報システムは本業とは直接関係がないので業務の妨げになる、というのだ。東欧事業部のトップはこう主張した——ウチのITスタッフは、今回の人事情報システムは選択ミスだと言っている。アメリカのコンサルタントと本社の人間は、東欧固有の事情をまったく考慮せずに選んだのだろう……。名指しで批判されたコンサルタントは、数十年もかけて蓄積されてきた東欧独特の慣習や流儀に配慮していたら、グローバル・システムなど開発できるはずがない、と反論した。

こうして本社と現場の軋轢が顕在化していく。それがまた遅れの口実に使われ、予算の増額要求につながる結果となった。その波紋は社内に広がり、売上げや顧客関係にも次第に影響が出てきた。

やがてシステム・インプリメンテーションの応援に雇われたコンサルタントが、南米拠点のHRシステムは現時点で非常にうまく機能している、と言い出す。ただしこのシステムは、今回選定されたソフトウェアとはまったく互換性がない。そのうえ南米のHRシステムは、営業など他の部門のシステムと緊密にリンクしているという。

これを聞いて激怒したCEOは、なぜこのことがもっと早い段階でわからなかったのか、と難詰した。コンサルタントの答えは、自分たちは通常四カ月かかるプロジェクトを二カ月でやれと言われたのだから仕方がない、というものである。じつに苦しい言い訳と言わざるを得ない。だから、おそらく南米の経営チームは、初めからこのプロジェクトに乗り気ではなかったのだろう。自分たちのシステムの情報を開示すれば不利になると考え、積極的に関与しなかったのだと考えられる。実際、南米拠点のＩＴスタッフとＨＲスタッフは、人事情報システムの導入に一秒たりとも協力しないという姿勢をあらわにした。自分たちのシステムはとてもうまくいっているのだから、「改善」の必要はない、という理屈である。

この事態を受けて、タスクフォースのリーダーが交代させられた。これを見て喜んだ社員も一部にはいたが、大方の社員は不快になる。またもや社内に亀裂が入った。新リーダーは腹心のプロジェクト・マネジャーを指名し、新たな目標と期限を設定する。さらに変革マネジメント・チームなるものが新設され、ＨＲ部門を統括するシニア・エグゼクティブが全体の指揮をとる体制になった。

新体制の下、誰もががむしゃらに取り組み、プロジェクトは再び動き出す。だが八カ月の期限が来たとき、新システムはまだテストが完了していない状態だった。完了間近ではあったが、いくつか問題点が残っていたのである。

このタイミングで、間の悪いことに、買収計画が始まってしまう。リアルタイムの人事情報が提供されないため、コスト総額を正確に把握できないまま、四半期末の慌ただしさの中で性急に決定が下される……そこに不用意な見積もりミスも重なって、諸費用がかさんでいく。最終的な四半期業績は、期首予想を下回ってしまった。

Ｐ社のむやみに野心的な計画に懸念を示していた市場は、この悪材料に過剰反応する。わずか一日で株価が一五％も急落したのだ。ＣＥＯは青ざめた。契約締結を目前に控えていた最初の大型買収は、頓挫する。すかさず業界最大手が割り込んできて、ＣＥＯが考えていた以上の金額をオファーした。この追い討ちでP社の株価はさらに下落し、その後に予定されていた買収も必然的に困難になる。

こうしてもたついている間に、ライバル企業に付け入る隙を与えてしまう。P社はやむなく買収計画を断念し、もともとの戦略を軌道修正して、有望な事業機会の活用に重点的に取り組む道を選ぶことにする。同社の名誉のために書き添えれば、社員はみな熱心に取り組み、この状況が数年続いた。

業界三位から一位に躍進する可能性を備えていたP社は、結局四位に転落した。市場シェアと時価総額は縮小し、その後五年にわたって回復できていない。実際の時価総額と、CEOの戦略が成功した場合の推定時価総額との乖離を、ある信頼できるアナリストが試算したところ、一五億ドル、あるいはそれ以上という結果が出ている。

ただしこの数字には、目標年度である五年目に同社が手にしていたはずの規模と優位性により、次の五年に期待できたはずの逸失価値は含まれていない。件のアナリストによれば、この価値は二・五億ドルから三〇億ドルの間だという。したがって、失敗に終わった人事情報システムが失った総額は、少なく見積もっても一七・五億ドル、最大では四五億ドルということになる。

当然ながら、CEOに対する社内の信頼は地に墜ち、有能な人材がごっそり会社を去っていった。P社のストーリーは、多くの専門誌で何度も取り上げられている。だが、大規模な戦略的変革のたった一つのピースが欠けただけで、すべての可能性が失われ苦境に追い込まれたことを指摘した記事は一つもなかった。

思い込みの罠

P社の社員が見積もった人事情報システムの価値は、数十万ドル(マイアミ・オフィスのプログラミング・スーパーバイザー)から五〇〇〇万ドル(CEO)の間だったことを思い出してほしい。結果的に社内の人間の見積もりは、最低では現実の結果の〇・〇二%、最高でもCEOの三%にとどまった。

しかもこの評価額には、機会喪失に伴う二次的あるいは付随的な損失は含まれていない(経済学者によれば、雇用機会が一つ失われるたびに大なり小なり多数の人間に波及効果が及ぶ)。また、混乱に伴うサービスの質的低下によって顧客に生じたコストも含まれていない(実際にこのケースでは、大口顧客の一社が、買収によるP社の規模拡大を見込んだ戦略を立てていた)。さらに、会社が被った無形の代償も含まれていない(信頼、協調精神、士気が低下すると、回復は容易ではない)。しかもこれらのことは、個人の評判やキャリア形成にとってもマイナスである。とりわけCEOにとってはそうだ。

だが、倒産や他社による買収・吸収合併など、もっと深刻な事態になる可能性もあった。これらは架空のものではなく、現実に起こりうるダウンサイド・リスクだ。競争が激しく絶えず主役が交代するような業界では、どんな企業もこの種のリスクにさらされている。溶けかかった氷山の上に載っている企業の数は、増えることが許されず、滑り落ちるしかない。

ではP社にとって、アップサイドは開けていただろうか。グーグルやフェイスブックがわずか五〜一〇年で成し遂げたような成功は、実はこれまでどんな企業も実現したことがない。ただの一社も、である。だからP社にとってのアップサイドの余地は、グーグルほど大きいわけではなかった。それでも、社員や顧客に大きな利益をもたらせたはずだったし、キャリア形成上でも会社の業績や評判向上の面でも大きなメリットがあったはずだ。

読者の中には、要するに運が悪かったのだと感じた方がおられるかもしれない。だが、どんな決定もどんな行動も、幸運あるいは不運の確率を高めるものだ。それにP社は、新戦略にいったい何が、どれほど多くのものがかかっているかを認識していなかった。新戦略の価値を文字通り桁外れに見誤っていたことは、先ほど指摘したとおりである。そのうえ、取り組み方も従来通りだった。誰もがこれまで最善と考えられてきた手法で臨み、タスクフォースを編成し、変革マネジメント・チームを新設し、シニア・エグゼクティブが指揮をとる体制をつくった。これらはすべて、指揮統制型あるいは管理志向型の階層組織で培われてきたやり方であり、それを戦略研究チームやITコンサルタント、タスクフォースやプロジェクト・マネジメント室、シニア・エグゼクティブらの陣頭指揮で補ったにすぎない。自動車の比喩で言うなら、彼らは巡航速度で走るクルマを上手に運転することはできた。だが残念ながら、P社を取り巻く環境からすれば、時速二〇〇キロで走るクルマをレーサー並みの腕前で運転する必要があったのである。

問題はまさにここにあった。走るスピードが遅く見通しがクリアであれば、通常の運転で十分にうまくいく。だがスピードが速いうえに見通しが悪いとなれば、よほどの名手でないと乗り切れない。要するに、戦うゲームの性質が違うのである。予測不能な障害物を巧みにすり抜けながら走り続けなければならない——そう、スタートアップのように。あるいは例外的な成功を収めている起業家精神にあふれる企業のように。不幸にも、P社はそのどちらでもなかった。しかも、自分たちにスピードと俊敏性が欠けていることを自覚していなかった。だがこれはP社だけではない。ほとんどの企業がそうである。

あるいは読者の中には、CEOは野心的な新戦略など持ち込むべきではなかった、と考えた人もおられるだろう。たしかに、P社は差し迫った危機に直面していたわけではなかった。だが後知恵ではあるが、業界アナリストによれば、戦略研究チームの結論はおそらく正しかっただろうという。あのまま何もしなかったら、やはりシェア四位に転落していたはずだと言うのだ。そうなれば時価総額の縮小は避けられず、競争力も必然的に衰えていただろう。

私はプロジェクトに直接関与したP社の人間を個人的によく知っており、彼らが無能でなかったことは保証する。たとえばCEOは、業界でも評判の切れ者だった。それでも、CEOも、彼の部下も、「いつものやり方」で戦略を実行した。それが当たり前だったからだ。一瞬でも立ち止まって、このやり方は、すなわち二〇世紀型の階層組織による取り組みは時代遅れではないかと自問した人間は、一人もいなかった。これでは、いかにタスクフォースやコンサルタントで補おうと、このプロジェクトは最初から失敗のリスクをはらんでいたと言わざるを得ない。

第４章

リーダーシップの本質と企業組織の進化

ベストプラクティスの限界

企業を取り巻く環境変化は、ここ数十年ほど加速する一方だ。その推進力となっているのは、技術の進歩とグローバル化である。もちろん、変化や混乱、新規参入者の脅威、技術革新など、新たなリスクやチャンスの影響をもろに受ける産業と、さほどでない産業はある。だがいずれにせよ、どの企業も無縁ではいられない。

二〇〇年以上の歴史を誇るデュポンにしても、かつては一つの製品のライフサイクルが二〇年だったのに対し、いまや一部の製品は二年かそこらになっている。新聞社は一世紀以上にわたって単一のビジネスモデルで生き延びてきたが、それも限界がきている。コンピュータ産業は誕生したときから競争が激しかったが、もしいまヒューレット・パッカードやデルを経営しろと言われたら、競争などという生ぬるい言葉では済まないだろう。

こうした環境で先頭を走る企業は、新しい現実に適応するための方策をつねに探して実行に移している。なかにはそれがうまくいっている企業もある――いまのところは。だがわれわれのチームが企業の現場で観察し、データを集めた限りでは、従来「ベストプラクティス」とされてきた手法で高い成果を上げられる可能性はどんどん乏しくなっている。

なぜこんなことになったのか。そして、なぜこの問題は深刻化する一方なのだろうか。

この問いに答えるには、相互に関係のある二つの問題に注目しなければならない。第一は、マネジメントの本質とリーダーシップの本質である。多くの人が、有能なCEOに率いられた指揮統制型の階層組織であれば、スピードと俊敏性の実現は可能であり、したがって成功できると考えている。だが、もうそういう時代ではない。

第二は、企業を取り巻く環境の変化である。企業というものは、階層の少ないちっぽけな組織と簡素なプロセスから始まり、やがて階層の多い大規模な組織と正規の系統的なプロセスを備えるようになると、多くの人が考えているだろう。しかしこれは誤解である。成功する企業は、ネットワーク組織から階層組織へと移行し、その過程で、デュアル・システムときわめてよく似た局面を通過する。

マネジメントとリーダーシップの違い

日常的に取り交わされる会話を聞いていると、マネジャーとリーダーがしばしば混同されていると感じる。いくらか区別している場合でも、たいていは地位の差で区別しているようだ。つまり、階層組織のトップにいる人間はリーダーであり、リーダーシップを発揮している、あるいはそれが期待される。ただしリーダーシップの定義は人さまざまだ。そして中間層にいるマネジャーは、マネジメントが仕事と見なされているが、ではマネジメントが何かと言えば、こちらも明確に定義されていない。これでは不正確だし、問題が多い。

マネジメントとは、組織が効率よく計画的に結果を出すための一連のプロセスを運営管理することだ。よいマネジメントが行われている組織は、規模や業種や地理的範囲のいかんにかかわらず、望みの成果を上げることができる。そのためのプロセスには、計画、予算編成、業務割当、人材配置、行動指針の策定、業績評価、問題解決などがある。

今日マネジメントと呼ばれているものが発明されたのは、二〇世紀後半である。そのルーツは実はローマ帝国時代にまで遡ることができるのだが、今日のマネジメントは非常に高度化しており、かなりのスキルを要する。マネジメントがどういうもので、これによって何が達成されるかということは、一九〇〇年生まれの人間がどれほど教養高く賢くても、けっして理解できないだろう。

今日の高度なマネジメント・プロセスは、一九世紀以前には存在しなかった。必要がなかったからである。たとえば南北戦争（一八六一～六五年）直後のアメリカでは、従業員一〇〇人以上の企業は数百社しかなかった。しかし現在では一〇万社を上回る。また一九〇〇年には、世界各地に進出している国際企業はほぼゼロだったが、今日ではあまりに多すぎて数え切れない。

こうなると、しっかりしたマネジメントを行わない限り、前世紀に発明され今日なお存続する「企業」という組織は、うまく機能しない。マネジメントがきちんとしていない組織は無秩序に陥り、迷走あるいは空中分解しかねない。この意味で、マネジメントは重要な発明と言えるだろう――残念ながら凡庸なマネジャーの大半は、マネジメントの意味や重要性に気づいていないのではあるが。

とはいえマネジメントは、リーダーシップとは別物である（図表4-1）。

リーダーシップとは、大きな方向性を定めることだ。ビジョンを掲げること。そのビジョンを実現したいという意欲を引き出し、士気を高めること。そして、実現できるよう戦略を立てること。こうしたことの基本的な意味において、リーダーシップとは人の心を動かし、望ましい未来の実現へと突き動かす役割を担っている。

多くの人が思い浮かべるリーダーシップは、卓越した人物と結びついている。たとえばリンカーン、あるいはヴィクトリア女王……。たしかに彼らは国民の心を動かし、大義のために奮い立たせ、不可能を可能にした。偉大で稀有な人物こそがリーダーとして歴史を書き換えてきた、とわれわれは考えやすい。だが歴史を作ってきたのは偉大な人物だけではない。まして日常生活においては、リーダーシップを発揮するのが偉大な人物だけでないことは、改めて言うまでもあるまい。

今日では、さまざまな人がさまざまな状況で何らかのリーダーシップを発揮している。たとえばプロジェクトに参加しているエンジニアが、何か新しいことをやってみる。すると、それを見ていた他のメンバーが、それにヒントを得て別のことをする。そうやっていくうちに、これまで考えたこともないような新しい何かが生まれる……。こんなとき、最初のエンジニアはリーダーシップを発揮したと言える。

リーダーシップを正しい意味で捉えれば、いわゆるミドルマネジャーがリーダーとして力を発

図表4-1　マネジメントとリーダーシップの違い

マネジメント	リーダーシップ
・プランニング ・予算編成 ・組織編成 ・人員配置 ・業績評価 ・問題解決 ・成功例を踏襲する ・安定して結果を出す	・方向性を定める ・一丸となる ・モチベーションを高める ・士気を高める ・大勢のやる気を引き出し、不可能を可能にする ・未来に向かって進む

揮していることがわかるかもしれない。あるいは、階層組織のトップにいるような人間が全然リーダーシップを持ち合わせていないことに気づくかもしれない。

リーダーシップは、歴史においても、また今日でも、何よりもまず「これまでと違うこと」と結びつけられる。従来通りのやり方を続ける場合には、リーダーシップはさして必要ない。リーダーの役割は、未来を変えるために人々の気持ちを変え、組織を変え、どんな障害物にも挫けないよう導くことにあるからだ。

今日の企業でリーダーシップがモノを言うのは、これまでになかったものを生み出したり、初めてのことに挑戦したりするときだ。つまり、リーダーシップは起業をするときにまず必要となる。また、既存企業が新たなチャンスを発見し、それを活用して自らを変え、未来に向かって進んでいくときにも必要になる。

変化の速い事業環境で十分なリーダーシップが発揮されないと、企業は停滞し、やがて衰退するだろう。なお、ここで言う「十分なリーダーシップ」とは、企業規模の大小を問わず、またCEOや執行委員会のリーダーシップを意味しない。階層組織のトップに位置づけられる一人の人間あるいは少人数のチームだけでは、必要とされるリーダーシップからみてまったく不十分である。どれほどのスーパーマンあるいはスーパーウーマンであっても、またこの人物がいかに有能なマネジャー集団を率いているとしても、今日ではもはや十分とはいえない。

今日ではリーダーシップのほうが、より重要とされるのだろうか——この質問に答えるには、それぞれの役割をもう一度確認しなければならない（**図表4-2**）。マネジメントは安定性と効率を維持・向上させ、企業の信頼性を確立する役割を果たす。一方、リーダーシップは、組織に変革をもたらし、新しい機会を逃さず捉え、重大な脅威を回避し、新たな戦略を立案・実行する役割を果たす。要するに両者の役割はまったく違うので、どんな規模の組織でも、またどんな事業環境であっても、両方がそろっていなければ成功はおぼつかない。

ここに、今日のあらゆる組織が直面する根本的な問題が存在する。どれほど繁栄している組織であったとしても、設立から一〇年以上が経過し、従業員数が三〇人を超えるようになれば、多くの社員が定型的な管理業務に従事し、円滑に処理しようと努力するのが普通だ。業績評価基準がそうなっているのだから当然であるし、そもそも管理業務に問題がある企業は早晩立ち行かなくなる。

しかしその一方で、多くの企業、とりわけ成熟した大企業は、リーダーシップに欠ける傾向に

図表4-2　マネジメント/リーダーシップ・マトリックス

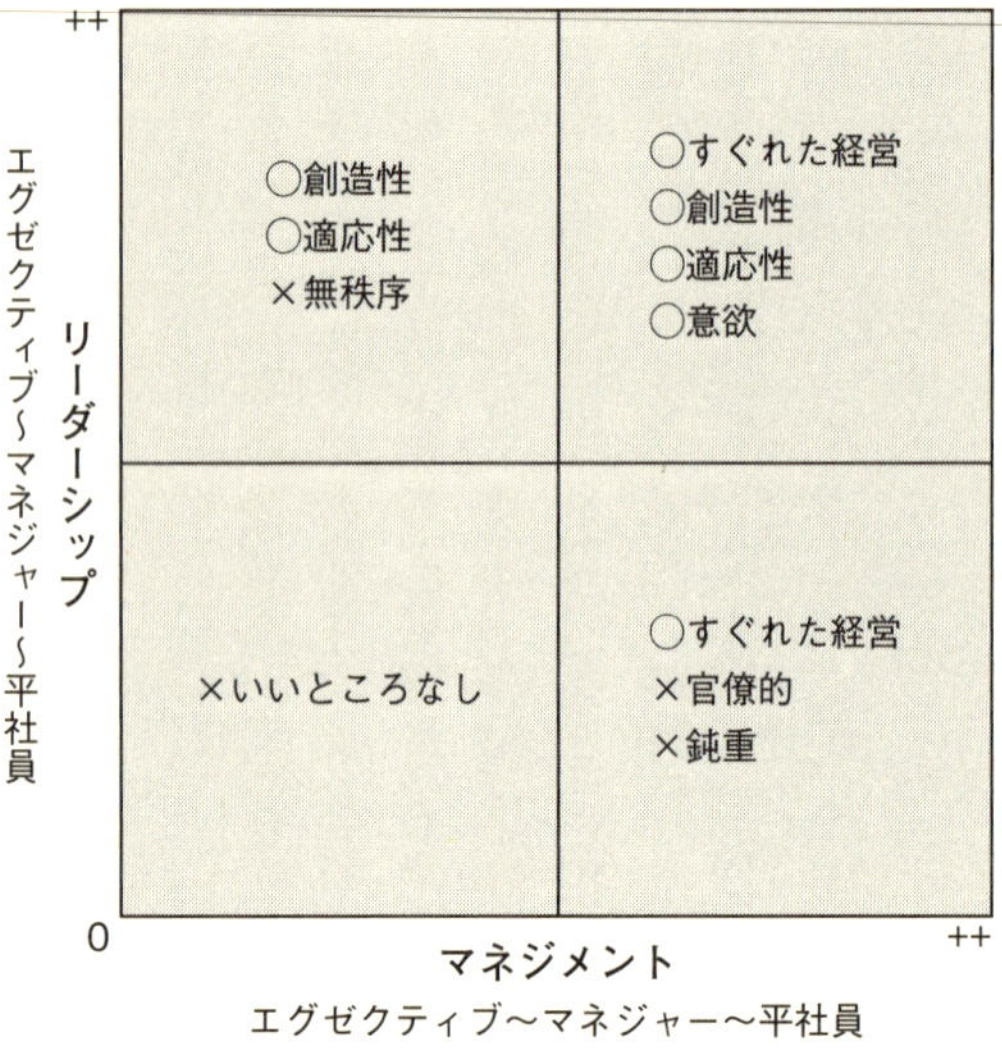

ある。このことを明らかにした調査は数多く存在するが、信頼できる調査で逆の結論にいたったものは、私の知る限りでは存在しない。

変化の乏しい世界で競争も少なく、重大な脅威が見当たらないのであれば、リーダー不在でも生き延びられるだろうし、現行の業績評価基準で何の問題もあるまい。だが、おだやかで安定し、顧客やシェアの争奪戦もなく、予算の取り合いもない時代はとうに過ぎ去っている。

それなのになぜ企業にはリーダーシップが足りないのだろうか。その背景には重大な誤解あるいは事実誤認が潜んでいる。しかしこの問題への真剣な取り組みは、まだなされていないように見受けられる。

多くの企業がたどる、組織のライフサイクル

急伸中のスタートアップは、どこも市場志向の合理的なビジョンを掲げているものだ。そして全員がこのビジョンを理解し、その実現のために貢献し、協力し、がむしゃらに働く。ここに働いているのは強いリーダーシップだ。このスタートアップの売り出す新商品が一般消費者向けのチョコチップクッキーであれ、法人向けのマイクロチップであれ、それは問題ではない。成功するスタートアップでは、最強のリーダーシップを発揮するのが創業者であるとしても、他の社員も重要な役割を果たすのであって、大勢のリーダーシップによって会社は前に進んで行く。

創業当初のスタートアップでは、マネジメントはほとんど行われない。そもそも、組織図のようなものさえ存在しない。もし誰かが組織図を見せてくれと言ったら、きっと笑われてしまうだろう。伝統的な階層組織構造とは無縁だからである。こうしたスタートアップの組織を図式化するなら、おそらくは太陽系や分子構造のようになる。つまり、ネットワーク組織である。

この組織構造では中心に太陽があり、そのまわりに惑星がある。惑星が一つまたは複数の衛星を従えていることもある。太陽は、創業者だ。多くの場合、創業者は創業当時のメンバーを始めとする重要な仲間を、惑星として中心に据える。とはいえこれらの惑星は、マーケティング、財務、総務といった伝統的な業務を担当するわけではない。この段階では、スタートアップはそう

した業務は必要としていないし、おそらくはそこまで手も回らないだろう。では惑星が何を担当するかと言えば、もっと違う種類のこと、多くは新しい製品やサービスを構想し、設計し、テストするといったことだ。

このような状況では、地位や階層といったものはほとんど見受けられない。何も肩書きのない社員が創業者より偉そうに見えることも珍しくない。メンバーのスペースに大小などないし、ものものしい会議や面倒な手続きもない。資金調達目的で事業計画書を作成する必要に迫られない限り、この種の計画書や目論見書も存在しない。

階層もサイロ化もなく、ビジョン、エネルギー、フラット組織、対等なコミュニケーションを特徴とするこうした組織は、驚くほど俊敏で機動的だ。新しい試みにたった一日でゴーサインが出るし、新しいアイデアは即断即決で採用される。会議も無用なら、既得権益にしがみつく古株社員の妨害に遭うこともない。このスピードによって、若いスタートアップは競合する大手を出し抜くことが可能になる。

市場で一つか二つ勝利を収めると、スタートアップはぐんぐん成長し、拡大する。そしてある時点で、あまり気が進まないながらも、いわゆる会社らしい組織の構築を余儀なくされる。最も初歩的なマネジメント・プロセスがどうしても必要になって、やむなく導入することになる。こうして階層が形成される。最初はフラットに近いが、やがて明確な階層化が始まり、メンバー一人ひとりの職務内容も定まっていく。

とはいえ成功する企業の場合、たとえマネジメント・プロセスが導入され定着しても、スタートアップとしての特徴がすぐになくなるわけではない。新たな試みに飛び込むエネルギー、権限分散と社員によるリーダーシップ、組織の柔軟性といったものは生き続ける。つまりマネジメントとリーダーシップは有機的に結びつき、共存するのである。

両者を結びつけるのは、あるいは両者の対立を抑えるのは、創業者であることが多い。創業者はCEOに就任してもなお、ネットワーク組織の中心的存在であり続ける。また社員は、自然な流れとして、また経済的な事情もあり、もはやすべての時間をネットワーク組織での活動に投入するわけにはいかなくなり、階層組織のどこかに位置づけられてしかるべき職務を担当することになる。このような有機的な人的関係性により、階層組織とネットワーク組織はしっかりと結びつけられる。

成功する組織のライフサイクルにおいて、これはきわめて例外的な時期と言える。企業は規模や収益を拡大するとともに、固有の魅力的な文化を醸成する。資本市場はこの成長ぶりに好反応を示す。こうしてさらに成功への階段を上っていく。

成功し繁栄を続ける企業は、日常業務が必ず増えていくものだ。それに伴い、経営陣を頂点とする階層組織は膨張し続け、次々に業務プロセスが付け加えられる。その一方でネットワーク組織も成長を続け、より多くの社員がさまざまなイニシアチブで活躍し、新たな機会を開拓する。全体として企業はまだ、俊敏性や機動性を維持する。

しかしさらに成功し続け拡大し続けた場合、ある時点で階層組織が巨大化し、ネットワーク組織の成長を阻害するようになる。この段階で、創業当時からの生え抜きのメンバーが去っていくケースも少なくない。彼らは、愛する会社が「官僚的」になったと感じるのだ。こうしたことが重なって、俊敏で機会追求型のネットワーク組織と効率的で安定志向型の階層組織の間で緊張が高まる。会社のリソースは階層組織が掌握していることが多いうえ、階層組織のほうが物理的にネットワーク組織より大規模になっていることもあって、ひそやかに、しかし確実に、階層組織はネットワーク組織を呑み込み、あるいは解体していく。けっして悪意があるわけではない。単に、自然に、そうなるのである。

こうして階層組織が拡大し、ネットワーク組織が縮小すると、ある時点でこの組織は近代的な会社組織と見かけも中身もそっくりになる。だからと言って、マネジメントが一〇〇%でリーダーシップが〇%になるわけではない。成熟した階層組織であっても、リーダーシップは存在する——おおむね階層のトップまたはその近くに。だが組織構造とマネジメント・プロセス、クルマで言うとボディとエンジンは、基本的に階層組織のものになる。つまり第1章、第2章で示したデュアル・システムの図で言えば、左側のものになる（**図表4-3**）。

この段階でもネットワーク組織が生き延びていた場合、おそらくは階層組織に察知されないようにアングラ的に活動しているか、階層組織の隅っこに追いやられた非正規の組織に成り下がり、デュアル・システムとしての調和や協調は姿を消しているだろう。かつての知識や習慣は残っているかもしれない。たとえば創業当時からのエンジニアたち（いまはたぶん製造部門で働いている）が大事に温めているかもしれない。だが起業家精神にあふれたネットワーク組織は、もう存在しない。それとともに、ビジョンも情熱もスピードも俊敏性も失われる。

図表4-3　デュアル・システム

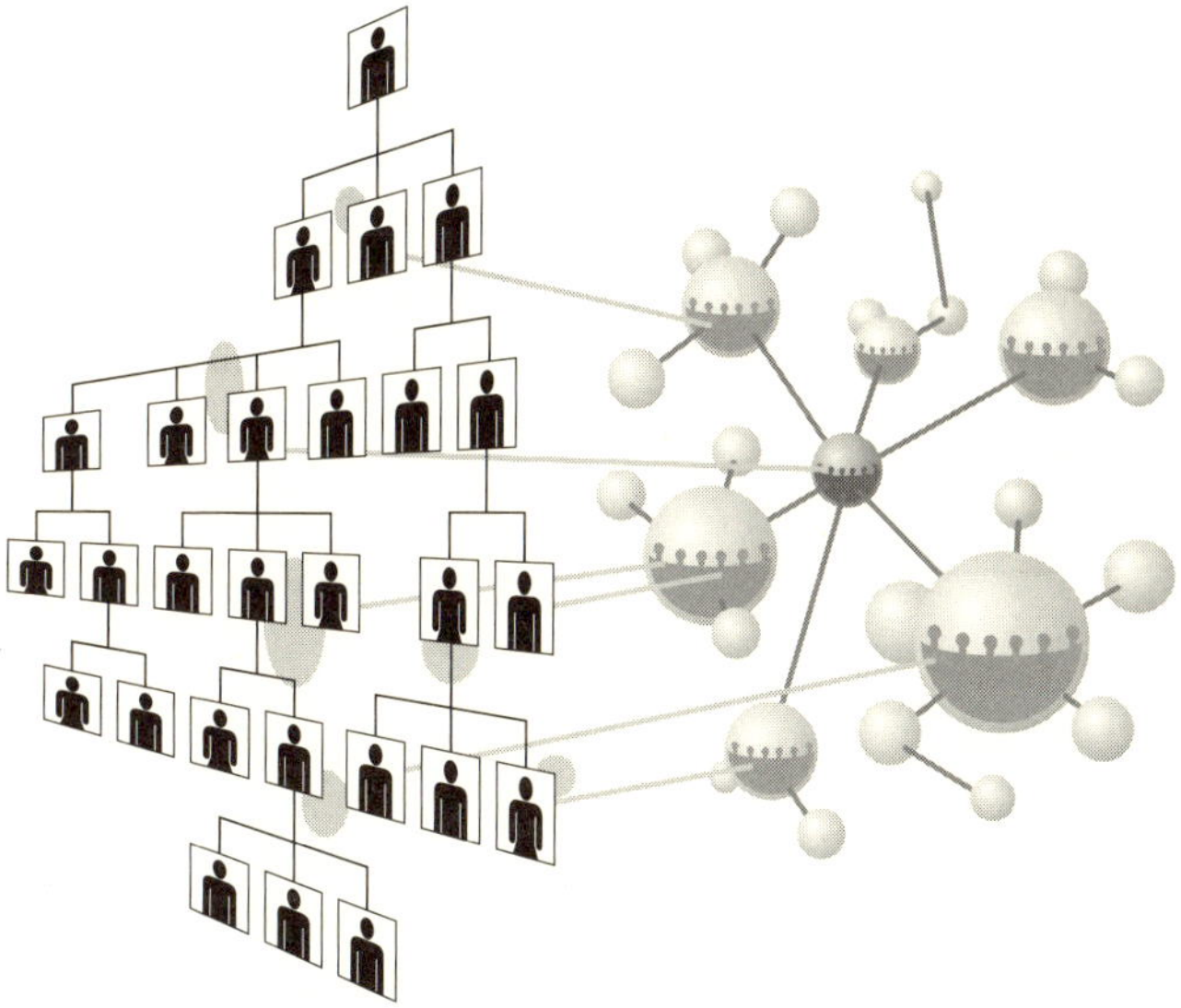

　この組織変化の流れは、どんな組織のライフサイクルにも見られるパターンと言ってよい（図表4-4）。変化はゆるやかに段階的に起きるケースもあれば、突発的に急激に進むケースもある。大勢の社員が新しいやり方に適応しなければならないのだから、変化は痛みを伴うし、トラブルもある。長年の習慣、新しい未知のことに対する恐れ、階層組織に対する懐疑的な見方（起業家タイプの人間が抱きがちである）などがあいまって、軋轢を生むことも珍しくない。

　こうした道のりの果てに階層組織が体系化され整備されるが、その間も企業は成長を続け、シェアを拡大し、規模の経済を確立し、強力なブランドを打ち立て、顧客と良好な関係を築く。

図表4-4　組織のライフサイクル：ネットワーク組織→階層組織

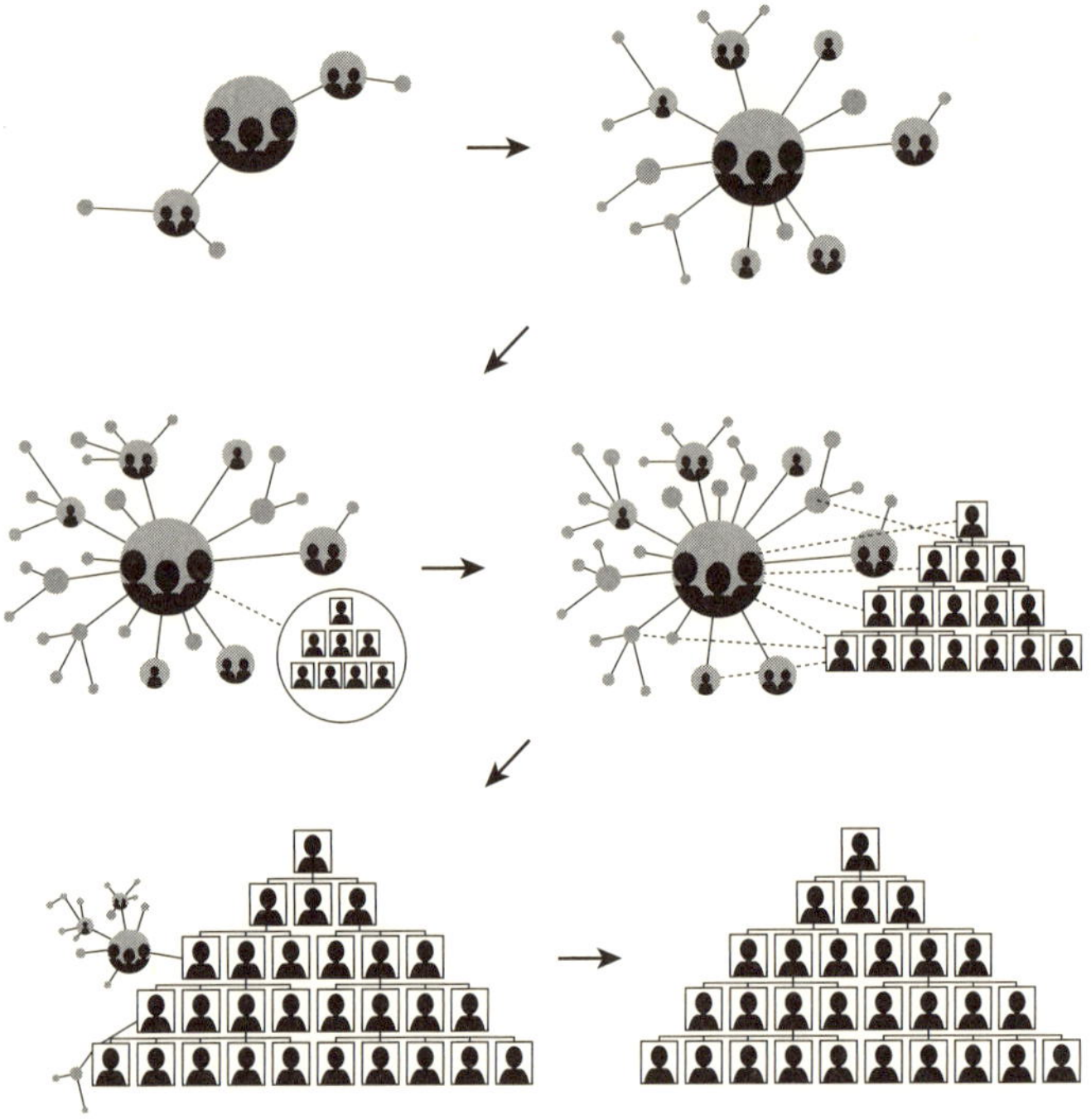

だが成長と繁栄の影で、大切なものが失われていることが多い。巧みに生き延び高収益を挙げていても、イノベーションを次々に生み出していたかつてのスピードやキレはもうない。ゆえに成長は勢いを失い、徐々に減速していく。

機を見るに敏な新参企業が、顧客やシェアを奪い取るのはこんなときだ。その結果として価格競争が起き、利益率を押し下げるかもしれない。

とはいえ成功企業は十分な知名度、規模、財務体力を備えているので、従来のやり方でしばらくはやっていけるだろう。少なくとも、いきなり倒産するようなことはない。いや、従来のやり方にしがみついていても、動きの鈍くなった階層組織を抱えたまま成長を続けることもあり得る。実際にもここ数十年ほど、大半の企業がそうしてきた。だが次第にこれは、単なる先延ばし戦術に過ぎなくなってくる。

従来「ベストプラクティス」とされてきた変革手法は、大きく分けて三通りある。優秀なリーダーはこれらを巧みに使いこなしているし、波風のないおだやかな事業環境に限るなら、今日でもそれなりに有効だ。

第一は、事業計画の視野を長くとり、年間計画を立てる際に数年先を見据えた戦略的要素を加味することである。こうすれば、計画や予算に長期的展望を織り込みつつ、通常の業務をつつがなく処理していける。

第二は、長期戦略を担当する専任の部署や人材を導入して階層組織を補うことである。たとえば戦略プランニング部門、変革マネジメント部門といったものを発足させ、そこに人材を新規雇用するとか、タスクフォースやタイガーチームなど一時的なチームを編成し、組織図上ではそのチームをエグゼクティブと直結させるといったことだ。

第三は、新たな可能性を社内で育てるのではなく、外から買ってしまうことである。めざす戦略をすでに実行している企業、望ましい俊敏性を備えイノベーションを連発している企業を買収するのだ。第3章で取り上げたP社は、この三つをすべて試していた。しかし、P社の人事情報システムのケースが示したように、多くの企業が採用するのは主に第二のタイプである。

こうした手法の根本的な問題点は、あくまで指揮統制型の階層組織が基盤になっていることである。階層組織は安定性、信頼性、効率の維持を目的とする。なるほど優秀なリーダーがいれば、長期計画を立てることも、新規部門やチームを導入することも、買収の計画と実行もうまくいくかもしれない。だがもともとの発想が階層組織から生まれたものだけに、自ずと限界がある。

従来型の手法は、言ってみればクリスマスツリーを飾り付けるようなものだ。もちろん飾りは魅力的だ。だがいかにきれいに飾り立てたところで、ツリーはツリーである――つまりこの場合で言えば、階層組織が安定性、信頼性、効率を目的とする点に変わりはない。ツリーにきらきら輝く豆電球やモールをごてごてと飾り、てっぺんに大きな星を加えることはできるが、度が過ぎればツリーはだんだんと魅力的でなくなる。それでもなお飾りを加えたら、やがてツリー自体が倒れてしまうだろう。

私の見る限り、どんな企業も、そう、フェイスブックやグーグルでさえ、組織のライフサイクルに不可避のこうした変化に対して脆弱である。

いま必要なのは、原点回帰アプローチ

では、どうすべきか。成熟した企業に望みはない、さっさと潰して新しい俊敏な企業に置き換えればよい、と乱暴なことを言う人がいる。だがそんなことをしたら、何百万、何千万の人が失業してしまう。それに成熟した大企業はきわめて効率よくモノやサービスを安定供給できる。あるいは長年の経験に裏づけられた信頼があり、高品質のモノやサービスを提供できる。

だから成熟した企業を解体したり退場させたりするといった荒っぽい処置は好ましくない。望ましいのは、原点回帰である。ただし、その企業がほんとうに設立直後のちっぽけな集団だった頃まで遡る必要はない。戻るべきは、成功した企業が必ず通り抜けたはずのデュアル・システムの時期である。このときには、俊敏性と信頼性、スピードと効率が共存していた。めまぐるしく変化する事業環境では、これこそが理想である。しかもこのシステムは、かつて可能だったし、いまも可能だ。きわめて多くの組織が、ライフサイクルの中でこのステージを通ってきた。

デュアル・システムは、成功する企業の進化史においてごく自然に形成されるが、それに気づかないことが多い。その理由はいくつかあるが、まずデュアル・システムをとくに探していないことが挙げられるだろう。この時期の企業は、自分たちの集団がどう運営されているかなどということをほとんど意識していない。一方、成熟企業に属する人々はデュアル・システムの段階を

とうに過ぎているため、その存在を知らない。しかもデュアル・システムは、自然に形成されはしても、自然に維持されるものではない。

二〇年ほど前に、原点回帰アプローチを採り入れた企業があった。その多くは大規模な戦略転換に取り組み、数社は華々しい成果を上げている。たとえばゼネラル・エレクトリック（GE）の時価総額は一九〇億ドルから三五〇〇億ドルに拡大した。成熟産業に属す重厚長大企業がこれほどの躍進を遂げるとは、アナリストの誰も予想していなかった。IBMも、めざましい成功を収めた企業の一つである。製造業からサービス業に軸足を移し、まさに心臓部を直撃した脅威を回避した。これら変革の成功事例は、拙著『企業変革力』『ジョン・コッターの企業変革ノート』『カモメになったペンギン』『企業変革の核心』『ハーバード流企画実現力』で検証している。

今日では、数こそ少ないものの、さらに踏み込んで持続可能なデュアル・システムの構築に取り組んでいる企業もある。こうした先駆的な企業の試みは、少なくとも現時点では、すべての組織が自然に実行できるものではない。デュアル・システムの構築には、やはり多くの社員の自覚的な行動が必要である。

持続可能なデュアル・システムは、細部は状況に応じて異なるものの、基本的なパターンは共通であり、おおむね五つの原則に基づき、八つのプロセスに沿って運営されている。取り組むべき価値がとてつもなく大きいと同時にリスクもまた限りなく大きい状況では、デュアル・システムはきわめて有効である。次の章では、実際の活用例を紹介する。

第5章

成功事例にみる「五つの原則」「八つのアクセラレータ」

デュアル・システムをうまく回すには

鈍重な組織を加速させ、戦略的課題を前にしてすばやく機動的に動けるようにするというのは、生易しいことではない。ここで大切なのはリーダーシップの発揮であり、これは組織のマネジメントとは別物だとわきまえることだ。デュアル・システムの構築に当たって、会社の起業当時の状況を理解しておくことは役に立つだろう。しかし持続可能なデュアル・システムの構築は、単なる過去の再現ではない。また、マネジャーたちに管理業務を減らしてもっとリーダーシップを発揮せよと言って済む話でもない。

第2章で、デュアル・システムの五つの原則と、動きを加速するための八つのプロセス（アクセラレータ）について簡単に説明した。建築物になぞらえるなら、原則は基礎、アクセラレータは鉄筋に相当する。戦略上の重大な課題あるいは大きな機会に取り組むとき、これらの基礎と鉄筋がシステムを構成し、有機的に組み上げられる。こうしてデュアル・システムが自律的な自己強化の好循環にはまると、組織にはスピードと俊敏性が備わっていく。

デュアル・システムの構築に着手するのは、階層組織が現在どのような取り組みをしていてもかまわない。事業計画に長期戦略を加味していても、戦略計画に特化した部門を新設していても、買収によって新たな戦略的能力を備えていてもかまわないし、何もしていなくてもよい。いや、組織自体が進化の途上で未成熟であってもよい――こうした組織も、いずれは同じ運命をたどりかねないのだから。

実際にデュアル・システムをどのように構築していくのか理解しやすくするために、本章では実例で解説する。もちろん企業によって状況は異なるだろうが、共通する要素、代表的な要素が多く含まれているので、きっと参考になるはずだ。

業績が伸び悩むT社の挑戦

ここで紹介するのは、法人向けテクノロジー企業である。仮にT社としておこう。ポール・デビッドソンは、同社の営業担当エグゼクティブである。T社の売上げは、ここ二年ほど伸び悩んでいる。増えてはいるのだが、明らかにペースが鈍化しているのだ。デビッドソンは自社がシェアを失いつつあると結論付け、コンサルティング会社に市場調査と新規提案を依頼した。四カ月後に提出された調査報告によると、たしかにT社のシェアは過去二年間で四ポイント減少している。この業界は一社が飛び抜けて大きなシェアを握っているのだが、そこでT社は五位に甘んじていた。

原因の一つとして、アジア進出でライバル二社に遅れをとったことが指摘されていた。また、顧客企業の多くが大手代理店を介して購入するようになってきたことも原因に挙げられていた。

業界最大手は、この傾向をいちはやく見抜いて先手を打っていたのである。さらに製品面では、各社の提供するソフトウェアはほぼ横並びではあるものの、全体として製品のライフサイクルが短くなっており、この点でもT社は対応が遅いという。

加えて同社の売上原価が高く、とりわけ業界一、二位の企業にかなり水を空けられていることも調査によって判明した。これは、社内の事情や過去のしがらみなどさまざまな要因が重なったためと考えられる。原因はどうあれ、売上原価が高いということは利益率が低いということだ。デビッドソンの上司が営業部門への投資を渋っている理由もここにある。

コンサルタントからは、状況を変えるには小手先の調整では済まず、抜本的な改革が必要との提言があった。しかし彼らが提案してきたのは、従来通りの方法と何ら変わらない。つまりプロジェクト・マネジメント部門を置くかタスクフォースを編成してエグゼクティブ直結とし、連絡を密にして新市場または新製品を開拓する、といったものであった。この提案にデビッドソンは満足できなかった。こんなまだるっこしいやり方では、シェアの挽回などおぼつかない……。

そこでデビッドソンは自ら戦略を立てようと営業部門と話し合い、いくつかの大胆な試みにサポートを取り付け、かつ裁量権を与えてもらうべく、CEOと直談判した。最終的にCEOはゴーサインを出し、執行委員会のお墨付きももらった。さっそくデビッドソンは動き出した。まずは、どうすればいちばんうまく、かつ最速で戦略を実行できるか、その方法を見つけなければならない。

このときまでにデビッドソンは、デュアル・システムのことを何度か耳にし、関連する経営論文にも目を通していた。後から考えれば、そこに書かれていたアクセラレータやネットワーク組織について十分に理解できていたとはいえない。しかし五つの原則は、もっともだと思えた。

デビッドソン、五つの原則を肝に銘じる

デビッドソンは、五つの原則を次のように理解した。

第一に、組織としての俊敏性を高めるには、従来のように中心となる人物を数人指名するだけでは不十分である。戦略を理解し変化を起こすチェンジ・エージェントがもっとたくさんいなければだめだ。階層組織というものは、有能な人間の集まりであっても、命令で動くことに慣れている。何か新しいことを始めるなど自主的な判断で動かなければならない重要な仕事は、ごく少数の超優秀（とおぼしき）人間に任せる傾向が強い。だが組織全体として動きを加速しようというのであれば、一握りの人間では勢いが足りない。もっと数を増やさなければならない。一・五倍ではまだ足りない。五倍か一〇倍にする必要があるだろう。戦略を生み出す人、実行する人の人数を大幅に増やすことが第一原則のポイントである。少人数のタスクフォースを編成し、一人か二人のエグゼクティブ直属にする、しかもこの少人数が上層部お気に入りの幹部候補社員というのでは、違いを生み出すことはおぼつかない。

第二に、このチェンジ・エージェントは、必ず自ら手を挙げ「やりたい」と意思表明した人で

なければならない。命じられて、指名されてやるのではだめだ。伝統的な階層組織では、何か新しい任務が発生すると、誰かを（願わくは適任者を）指名するのが一般的である。新たな任務に専念させることもあるが、通常業務と兼任させることも珍しくない。このときに大量の人員を指名するケースも稀にはあるが、たとえその場合でも、「命じて」やらせる点は変わらない。これではやる気満々の集団を形成できまい。だいたいはしぶしぶ「特命」を受け、欠席するうまい口実が見つからなかったときだけやむなく会議に出る、といった具合になりがちだ。戦略に共鳴し参加したがっている人、参加できることを誇らしく感じる人だけが集まったとき、ものごとは一気に前へ進み始め、驚くほど短期間で成果につながるものである。だから、すでに忙しすぎる人間や追加の業務負担などまっぴらだと思っている人間を頭数に入れてはいけない。自ら志願し名乗りを上げる人だけが真のチェンジ・エージェントになりうる。

第三に、チェンジ・エージェントを募るうえでもう一つ大切なのは、理屈だけでなく感情に、頭だけでなく心に訴えることである。伝統的な階層組織では、論理つまり説得力のある合理的なビジネスモデルと金銭的報酬が最も強力な動機付けとなり、指名した相手にやる気を起こさせると考えられている。だが命令指揮系統が存在しないネットワーク組織には当てはまらない。論理的に納得がいくことはもちろんだが、心の琴線に響く何かがないと人は動かないのである。これが第三原則のポイントだ。「ぜひこれをやりたい」「成功させたい」という情熱を抱くとき、人は金銭面を度外視して予想外の力を発揮する。

第四に、新しい試みを成功に導くカギとなるのは大勢のリーダーである。もちろんネットワーク組織が無政府状態になってよいということではない。必要に応じたマネジメントは必要である。だが基本姿勢として求められるのは、「指示待ち」ではなく自ら考えることだ。何が自分の仕事かを判断するのではなく、自分に何ができるか考えて動く。意思決定に進んで参加する、創造的な柔軟な発想で障害物を乗り越える、チャンスをモノにするまであきらめずにアタックし続ける――リーダーにはこうした姿勢が期待される。何もチャーチルのように偉大なことをしなくてもいい。一つひとつは小さくても、リーダーとしての行動は波及効果をもたらし、加速力につながる。大勢がリーダーとして行動すること、これが肝心だ。

最後に重要なこと、それは、デュアル・システムを導入するとしても、二つのシステムは一つの組織として機能しなければならないということである。当たり前のように聞こえるが、この第五原則が他の四原則に優先することを、ゆめゆめ忘れてはならない。戦略の機動的な実行を担当するネットワーク組織が所期の効果を発揮するには、階層組織とシームレスかつ有機的につながっている必要がある。だからこそ、会社全体としては日常業務を効率よく確実にこなし、絶えず効率改善を図りながら、重要な戦略的課題を機動的に実行できるのである。

これらの原則を踏まえたうえで、加速のためのプロセス、すなわちアクセラレータを導入することになる。アクセラレータは、デュアル・システムを加速させるとともに、その加速力を持続的に維持する役割を果たす。組織の一般的なライフサイクルでは、デュアル・システムは過渡的な一時期に出現するだけで、やがて自然消滅してしまうが、アクセラレータを適切に実行すれば、消滅を食い止めることができる。

アクセラレータ① 危機感を持ち、機会の実現をめざす

デビッドソンは営業部門の執行役員を招集して会議を開き、自分の頭の中で形をとりつつある考えを話した。業界では代理店を通す傾向が強まっている。ここに食い込んでいくためにも、新製品をより短期間で開発することが必要だ。また地域的には、大幅な売上増が見込めるアジア市場に一段とフォーカスすべきだろう。それにもちろん、営業部門の高コスト体質を改めなければならない……。これらはどれも困難な課題ではあるが、裏を返せば挽回のチャンスでもある。またこれらは現場だけの問題ではない。営業部門全体の問題であり、部門を挙げて取り組む必要がある。

そうは言っても、機敏に動かなければならない、とデビッドソンは強調した。ぐずぐずしていたらますます遅れをとってしまう。コンサルティング会社の調査報告では、我が社は売上原価が高く営業費用がかさんでいるとはっきり指摘されており、新戦略のために人員を増やすという選択は現実的ではない。いまいる人間で何とかしなければならない。だからといって、単に社員の尻を叩いても意味がない。みんなすでに十分すぎるほど働いているのだから。

まず大切なのは、できるだけ多くの社員が戦略的な課題を真剣に認識し危機感を持つことだ、とデビッドソンは主張した。そのために、営業部門にとって最も有望な可能性をこの場で検討し、

全員が共感できるステートメントの形にまとめたいと思う。短く、前向きで、勇気づけられるステートメントが望ましい。脅威や悲観的な見通しをむやみに強調するのは好ましくない。さらには、懐疑的な人間や重箱の隅をつつきたがる人間にも文句を言わせないようなものでなければならない。

そして何と言っても、できるだけ多くの人間をその気にさせ、ぜひこの戦略に貢献したいと思わせるようなメッセージを掲げることが大切だ。願わくは、そっぽを向いたり冷笑したりする社員がいないように。そのための第一歩は、ここにいるみんなが共感でき、やる気になるメッセージを打ち出すことだ、とデビッドソンは断言した。抽象的な激励のようなものはお呼びでない。具体的で、明確で、説得力があるメッセージが必要だ。

こうして会議が始まり、業界動向やライバル社の状況などを踏まえたうえで、午後四時頃には「機会の提言」として次の四項目のステートメントが決まった。

- われわれの前には、今後二年間で売上高を一・五倍に拡大し、業界最強の営業組織になるための大きな機会が眠っている。
- この可能性は完全に現実的である。第一に、顧客のニーズが変化しているのに対し、同業他社の一部は迅速に対応できていない。第二に、新興国市場が爆発的に拡大している。第三に、われわれ自身の生産性にはまだ改善の余地が大いにある。
- 有能な人材を揃えているにもかかわらず、われわれは外部環境の変化への対応に遅れをとってきた。しかし現在の能力や過去の実績を考えれば、より速く変革を進めることは十分に可能である。
・積極的に取り組み、機会を十全に活かすなら、営業組織として社内外に誇れる成果を必ずや上げられるはずだ。

なんだかありきたりの檄文だと思われた読者もおられることだろう。だが会議に出席したメンバーの約半数は、早くもすっかりやる気になっていた。彼らは業界五位の現状に全然満足しておらず、何かやってやりたいと日頃からうずうずしていたのである。残り二、三人もおおむね賛同した。彼らは変革が必要であること、従来のやり方では戦略転換が成果に結びつくまでに時間がかかり過ぎることを知っており、マネジャーと現場がこのアイデアに乗るなら成功の可能性は高いと見込んだのだ。残り二人のエグゼクティブははなはだ懐疑的で、こんなことをして何の役に立つのか、むしろダウンサイド・リスクのほうが大きいのではないか、と懸念した。

すっかりやる気になったメンバーの一人には、ヨーロッパ事業部のトップもいた。大学時代にスポーツ選手として鳴らしたこともあって、何でも一番にならないと我慢できない人物である。おおむね賛同したメンバーの一人は、営業部門の財務担当責任者だった。彼が賛成したおかげで、経費に関する問題はスムーズに片付きそうである。ただしこの人は頭がいいだけに、営業部門の中には先行き不透明な新奇な試みをいやがるセクションがあることもわきまえており（ヨーロッパ事業部はまさにその一つである）、やや慎重だった。しかも四項目のステートメントは、売上げを伸ばすとは言っても、人員や予算を増やすことにはいっさい言及していない。そのため彼は予算の問題にこだわりがちだった。

懐疑派のうちの一人は、最も大きく最も問題の多いエリアの責任者である。彼の事業部はすでに手一杯であり、新たに仕事を増やしてもらいたくないという。しかもこの人は管理志向が強く、不確実性の高いことを毛嫌いするタイプだった。余計な仕事に首を突っ込んで売上目標を下回りはしないかと恐れていたし、おそらくは無意識のうちに、会社に対して厄介な立場に追い込まれるのではないかと懸念してもいた。

会議の終わりに、今日決まったことをすぐに実行に移すためのチームを立ち上げようと一人が言い出す。組織全体にこのステートメントを浸透させ、危機感を高めるための試みを何でもやってみようと言うのだ。デビッドソンが、チームを立ち上げるのはいいが、メンバーをこちらから指名するのは絶対にだめだと釘を刺したため、最終的にこのチーム（即応チームと呼ぶことにしよう）は、営業現場から名乗りを上げた志願者二一人で結成されることになった。階層組織における地位はさまざまだが、みな熱心で信頼できる人物であり、四項目のステートメントに心から賛同している。この二一人はさっそく野心的な目標を掲げた。四〇〇〇人を擁する営業部門で、最低でもその半数からステートメントに対する支持を取り付けようというのだ。建前ではなく本音の支持を、である。

即応チームは三カ月にわたって精力的に活動し、四項目のステートメントを社内に浸透させ、機会実現に向けた機運を盛り上げ、手を貸してくれる仲間を増やすべく、さまざまなアイデアを出し合い、実行に移していった。ほぼ二週間に一回は電話会議を開く一方で、いつの間にか誕生した一〇ほどのサブチームが思い思いの活動を展開した。現場のセールス担当者とのミーティング、営業マネジャーに参加を呼びかける資料の作成、イントラネット上でのポータルサイト開設等々である。このポータルサイトでは、変わり始めた営業部隊の取り組みを紹介するなど、さまざまな情報、動画、ブログが掲載され、日々更新された。チームは創意工夫に富んでいたし、何よりも積極果敢で、しかも粘り強かった。

幸運にも、即応チーム発足から一カ月後に、年に一度の定例営業マネジャー会議が開かれることになっていた。三日間に及ぶ大規模な会議で、四〇〇〇人の出席が予定されており、社内外から講師を招いて講演も行われる。その年のメインテーマはクラウド・コンピューティングだったが、チームのメンバーは会議の企画担当者を説得し、営業部門の新たな戦略的取り組み、具体的には四項目のステートメント、変革の必要性、営業部門の将来展望などを議題の一つとして取り上げてもらえることになった。

即応チームはいろいろな仕掛けを用意して会議に臨んだが、なかにはあえなく失敗に終わったものもあった。たとえば「やろう！」（I'm In）とプリントしたピンバッジを会場で配ったが、これは失笑を買ってしまった。しかし、うまくいったものもあった。とりわけ効果的だったのは、メンバーの一人で、多くの若手から尊敬を集める古株社員が行った即興のスピーチである。彼が、なぜ自分はこの会社に入社したのか、ここで何をしたいのか、定年になる前に何をやり遂げたいのかをとつとつと語ると、多くの社員が心を動かされた。

そして、思いがけない成果が現れる。一部の社員がさっそく、自分にできることはないかと考え、行動し始めたのだ。即応チームはこうした動きを見逃さずにポータルサイトに掲載し、成果が上がれば、どんなに小さな成果でも大々的に宣伝した。こうした努力はじわじわと実を結び始める。四半期末が近づき、売上目標達成に向けて全員が四苦八苦する頃には、次第に多くの社員の間で四項目のステートメントが話題に上るようになり、提示された機会を実現するために「何とかしなければ」という空気が充満してきたのである。

アクセラレータ② コア・グループを形成する

即応チームの活動が軌道に乗り、「四項目のステートメントに営業部門の半数の支持を取り付ける」という目標達成に近づいてきた頃、デビッドソンは営業部門全員にメールを送り、ネットワーク組織の母体となるコア・グループのメンバーを募った。コア・グループは当面一年の予定で活動する。応募フォームには、応募理由のほかに、通常業務との掛け持ちによる業務負担の増加にどう対処するつもりか、眠っている機会をつかむにはどうすればよいか、意見を記入する欄を設けた。デビッドソンは、コア・グループについてはごく一般的な説明しかしなかった。四項目のステートメントに記載した「大きな機会」を活かし競争優位を確立するために、ぜひ手を貸してほしいと伝えただけである。漠然とした説明にもかかわらず、しかも余分な仕事が増えることは明白にもかかわらず、三五人の募集に対して二一〇人の応募があった。

これほど多くの応募者があったことにデュアル・システム懐疑論者は驚いたが、デビッドソンに言わせれば、とりたてて驚くべき数字ではない。即応チームが奮闘したおかげで、営業現場にいる社員のうち二〇〇〇人ほどは四項目のステートメントに大なり小なり納得し、好感を抱いているのだ。そのうち一割がコア・グループに名乗りを上げたとしても、びっくりするには当たらない。

とはいえ、二一〇人の応募者を三五人に絞り込むのは至難の業である。結果的には、地位としてはミドルマネジャー以下が大半を占めた。デビッドソンの直属の部下二名と、エグゼクティブ・レベル三名が選ばれた。また、地域的な偏りがないよう配慮がなされた。しかし最も重要な選抜基準となったのは、熱意と創意工夫が感じられることと、職場で尊敬され信頼されていることだった。単にキャリア形成に有利だとか、既得権益を守ろうといった意図が疑われる人物は排除された。営業担当執行役員会はOKを出したが、階層組織側の最重要案件に携わっている社員一名だけは外してほしいと条件が付けられた。

三五人が決まるとデビッドソンはただちにメールを送り、新しい試みに参加してくれることに感謝の念を伝えた。また選ばれなかった応募者にも、応募してくれたことに心から感謝するとともに、遠からぬ将来に必ず力を借りることになるだろうと伝えた。

コア・グループは、最初の活動として二日間のオフサイト・ミーティングを行った。正式なリーダーはいないが、一人がファシリテーター役を買って出る。その後のミーティングや電話会議も、彼が手配を引き受けてくれた。オフサイト・ミーティングでは、デュアル・システムに関する資料（本書の第1章、第2章に掲げた）が配布され、議論された。四項目のステートメントを巡る討論やチーム・ディスカッションなども行われた。もちろんデビッドソンも参加し、参加者に感謝するとともに、大きな違いを生み出そうと熱く語りかけている。

当然のことながら、ミーティングの最初は質問が噴出した。いったい何をするのか。どうやってするのか。スケジュールはどうなっているのか、期限はいつか。そもそも誰がリーダーなのか。こうした疑問に対してデュアル・システムの説明はある程度役に立ったし、ケーススタディの紹介もそれなりに効果はあった。だが、その場にいる誰一人として経験したことのないデュアル・システムについて、初めから微に入り細にわたって説明し明確な予定を立てることは、どのみちできない相談である。だからオフサイト・ミーティングの初日の段階では、われわれには大きな可能性があり、他社にできたのだからわれわれにもできる、ということが強調されるにとどまった。

始めのうちは、上下関係を巡る戸惑いがあったことも書き添えておかねばならない。正式の肩書きでは明らかに地位が上の人と下の人が対等の立場で動くことになるのだから、無理もない。しかし時間が経つうちに、より流動的で実力本位の関係が徐々に築かれるようになり、お互いがしっくりくるやり方が定まっていった。ネットワーク組織では、何をやるにしても、階層組織における地位の上下とは関係なく、そのことについて情報や人脈やスキルあるいは強い意欲や思い入れを持っている人がリーダー役を務める――これが新しいルールになった。

アクセラレータ③ビジョンを掲げ、イニシアチブを決める

コア・グループがまずすべき仕事は、四項目のステートメントに掲げた大きな機会を実現するためのビジョンを打ち出し、今後フォーカスするイニシアチブを決めることである。人は行く先がわかっているほうがやる気が出るし、具体的な目標をめざすほうが力を発揮できる。大きな機会を見据えて全員がそこに向かうほうが効率がよい。会社の経営陣の意向、デビッドソンが入手したコンサルティング会社の報告書、社員の意見などを勘案した結果、ビジョンは次のように決まった。

「われわれのシェアはここ数年横ばいだったが、今後一年以内にシェアの拡大をめざす。そのための具体的な方策は以下のとおりである。

一、代理店との関係を強化する
二、新興国市場での売上高を従来の二倍に拡大する
三、イノベーション力を高める
四、重要な意思決定に要する時間を現在の半分に短縮する
誇りと情熱を持って取り組めば、われわれは業界で最も称賛される営業組織、最も働きやすい

職場になれるはずだ」

このビジョンが営業担当執行役員会に提出されると、懐疑派の二人が「おやおや、ずいぶんと大風呂敷を拡げたものだ」と冷笑したものの、他の人たちはみな好意的に受けとめた。長らく冴えなかった営業部門の社員が高い目標を掲げたこと、それも自主的にそうしたことを評価したのである。

次にコア・グループは、ビジョンに沿って戦略イニシアチブを決定した。二〇ほどの案件が挙げられた中から、最重要と判断した五つに絞り込んだ。アジア市場で優秀な人材を雇用すること（そうした人材の需要は大きいが供給は限られているため、業界各社が頭を悩ませていた）、製品投入サイクルの効率化・短縮化を図ること（製品のライフサイクルが短くなっていること、創業当初から営業と技術が対立しがちだったことから、こちらも困難な課題である）などである。

戦略イニシアチブのリストも営業担当執行役員会に提出され、おおむね好反応が得られた。会議では、階層組織の計画やプロジェクトとの不一致はないか、コンサルティング会社の報告書やビジョンと整合するか、などの点を検討し、問題はないと結論が出た。ただし、あまりに多くのことをあまりに急いでやろうとしているのではないかと懸念の声が上がったため、コア・グループは電話会議でこの点について話し合い、五つのイニシアチブのうち一つはより長期的に取り組む方向で軌道修正した。

従来の階層組織と新しいネットワーク組織を両立させる体制になってみると、コア・グループと営業担当執行役員会との関係性がきわめて重要かつ微妙であることが判明する。役員会は当初、コア・グループとの会議を階層組織の通常業務に押し込んでいた。つまり大口顧客との商談だとか、新規拠点の開設準備といったことの合間に会議をする形になっていた。これでは、コア・グループは階層組織に新たに作られた一集団という位置付けになり、対等の立場での対話というより、部下から上司への報告になってしまう。コア・グループのモチベーションは目に見えて下がり、コミュニケーションの流れも悪くなって、活発な意見交換が行われなくなった。トラブルの予兆に気づいたメンバーの一人が、デビッドソンに相談を持ちかけた。

この問題についてデビッドソンからコーチングを求められた私は、両者の定期的な情報交換が必要であることを強調した。また役員会は、階層組織からの要望を取りまとめ、あとはネットワーク組織の自由な発想と貢献に期待するほうがよい。デビッドソンは、すぐに理解した——自分はネットワーク組織の方向性を定めるだけであって、管理してはならないし、コア・グループのボスのようにふるまってもならない。自分の仕事は、コア・グループをパートナーとして信頼し、成果が上がればお祝いすることだ、と。彼らは自ら志願したメンバーであって、自分が指名したタスクフォースではないのだから。

こうしたコーチングを経て、コア・グループと役員会の関係は変わった。一夜にして劇的に改善されたわけではないが、徐々に好転していったことはまちがいない。両者の間の風通しは次第によくなり、率直な意見交換が行われるようになった。となれば、コア・グループのモチベーションが高まるのは自然な成り行きである。自分たちに活動の場が用意されたこと、戦略的に重要な問題で営業部門に変革をもたらす可能性が開けたことで、士気は大いに高まった。

アクセラレータ④⑤ 志願者を募り、イニシアチブを進める

ビジョンと戦略イニシアチブを現場に浸透させるに当たっては、コア・グループは基本的に即応チームの手法を受け継ぎ、研修、コミュニケーション・ツール、ポータルサイト、対話などを活用したが、とくに効果的だったのは、意外にも直接的な対話だった。メンバーが同僚に話す、その同僚がまた別の同僚に話すという具合に、イノベーター理論の用語を借りるなら「アーリーアダプター」がまず反応し、やがて「アーリーマジョリティ」が形成されていったのである。コア・グループが開催したランチ・ミーティングの一つに私も参加したが、終わったとき、隣にいた参加者がうれしそうに話しかけてきた。「そうか、ウチにもこんな可能性があったんですね。これは、やるしかないな」

六カ月が過ぎる頃には、コア・グループは多くの志願者（アーリーアダプターやアーリーマジョリティ）の手を借りて五つのイニシアチブを実行に移しており、各々のイニシアチブに一つか二つのサブ・イニシアチブが派生していた。たとえばアジア市場で優秀な人材を雇用するというイニシアチブからは、新規採用者の育成を促進するというサブ・イニシアチブが派生し、これに手を貸す人間が現れてサブ・グループを形成していた。協力者たちは主にメールで連絡を取り合っ

たが、必要とあればミーティングも行い、最善のやり方を自由に発想し、障害物を取り除いてイニシアチブを後押しした。

二週間ごとに行われるコア・グループの電話会議では、進捗状況の報告と情報交換のほか、アイデアを募ったり、助けを求めたりすることもしょっちゅうだった。「日本市場にくわしい人を誰か知らない？」という具合に。またコア・グループの中でシニアマネジャー格のメンバーは、平社員のメンバーにもエグゼクティブ・レベルの情報が届くよう配慮した。こうすれば重要な問題で適切な意思決定を行うことができるし、直感に頼って判断を下す愚も避けられる。また、コア・グループのような集団はとかく「オタク集団」に見られがちだが、シニアマネジャーが参加しエグゼクティブ・レベルの情報に依拠することで、そうした偏見は食い止められた。一方、平社員のほうは、通常なら役員会に届かないような（あるいは届いたときには手遅れになりがちな）最前線の活きのいい情報を提供した。

こうした交流や情報交換から、驚くべき化学反応が起きた。ささやかながらも革新的なアイデアが次々に生まれるようになったのである。おかげで役員たちは、ネットワーク組織のことを「社員発のイノベーション・ネットワーク」と呼ぶようになったほどだ（**図表5-1**）。もっと重要な喜ばしい成果として、ネットワーク組織の活発な活動に惹かれて、さらに一〇〇人以上の志願者が現れたことを書き添えておかねばならない。

ネットワーク組織の仕事の多くは、新しいアイデアを生み出すことよりも、むしろそれを隠していた障害物を取り除くことだった。この事実は、興味深い。機会を活かす創造的なソリューシ

図表5-1　デビッドソンのデュアル・システム発足当初の姿

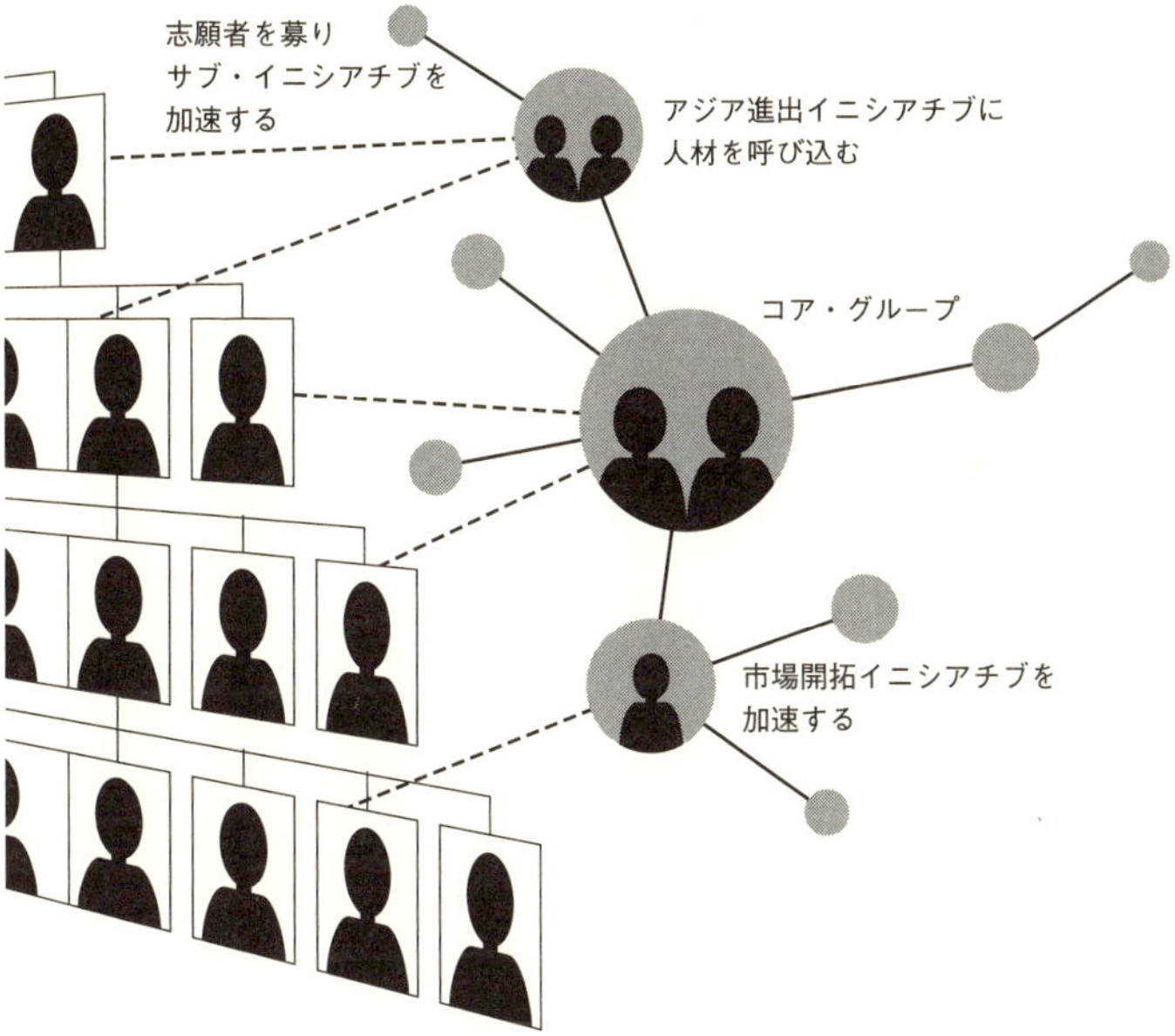

ョンは、結局のところ、あちこちに埋もれていたのである。

階層組織のどこかでお蔵入りしているものもあったし、幹部の手元まで届かずに葬り去られたものもあった。どうせ却下されるだけだと誰かの頭の中にしまわれたままのものもあったし、自分の業務範囲ではないからと敢えて発表されなかったものもあった。

ネットワーク組織のメンバーはそうしたアイデアを掘り起こすと同時に、建設的な問いかけを発していった。なぜこれほどすばらしいアイデアが認められず、実行に移されなかったのか。何が障害物となったのか。どうすればそれを排除できるか。問題があるのは制度か、人か、それとも企業文化か。そして、掘り起こしたアイデアを誰がいつまでに実行するかを決め、今度はどうすればスムーズに実現できるかを考えた。

一年目に発見された障害物の一つは、意外な事実だった。デビッドソン直属の部下できわめて影響力の強い人物が、デュアル・システム方式に内心では断固反対だったことである。彼としては、どうしても譲れない理由がいくつもあった。たとえば、ネットワーク組織のイニシアチブの進捗状況を知る手だてが何もない。また、売上目標達成のプレッシャーがかかっている状況で、ネットワーク組織がたとえ善き意図からであれ、よけいな仕事を増やしたり、こちらの時間を無駄にしたりして、目標達成を邪魔するのではないかという懸念もあった。

そんなこんなで、この断固反対氏はネットワーク組織にはいっさい手を貸そうとせず、それどころか部下が協力することも認めようとせず、躍起になって「本来の業務」だけに専念させようとした。そもそも、人間はやる気になれば一五〇%の力を出す、などとは信じていなかったし、自分の部下にそれができるとも思っていなかった。それに自分の守備範囲の外で何か新しい試みが成功しても、それがどうしたというのだ……。同僚との間でデュアル・システムが話題になっても、絶えずリスクのことばかり気にしていたという。

この事実が明らかになってからも、彼の部下は「本来の業務」の手抜きはしなかった。ネットワーク組織に名乗りを上げるような人間は、もともと仕事に対して情熱的なので、自分の仕事をしっかりこなしたあとに余分な仕事をするだけのエネルギーを持ち合わせているからだ。また、断固反対氏一人が非協力的でも、ネットワーク組織の活動に支障を来すことはなかった。階層組織のあらゆるレベルから、またあらゆるサイロから情報が流れ込んで来たからである。

そうこうするうちに、ネットワーク組織がいくつか成果を上げ始めると、かたくなだったこの人物も少なからぬ感銘を受けたようである。やがて、部下たちの士気の高揚にも否応なく気づかされることになった。ネットワーク組織に参加して成果を上げたメンバーの達成感が、階層組織側にもじわじわと浸透していったからである。

もちろん、最初のうちは失敗もいろいろとあった。ある二つのサブ・イニシアチブは、階層組織ですでにやっていないか、やる予定になっていないかを確認せずに始めてしまったため、一つはすでに外部に発注済みの仕事をやることになり、もう一つは社内の部署の業務と部分的に重複してしまった。当然ながら、階層組織の担当者は気分を害し、自分の領域を守ろうとしてデュアル・システムに懐疑的になる。このトラブルでどちらも時間とリソースをとられ、両者の関係は悪化しそうになった。しかしネットワーク組織の参加者はすぐに教訓を学び、こうした失敗が二度と起きないようにする確認手順を決めた。

アクセラレータ⑥⑦⑧ 最初の成果を上げ、さらに成果を上げ続ける

こうして階層組織との関係は好転し、ネットワーク組織は小さな成果を次々に上げ始める。そのペースは次第に上がり、インパクトも大きくなっていった。そして六カ月後、最初の大きな成果を出すことに成功する。使い勝手のよい新しい営業支援ツールの開発に成功したのだ。ローコストで、しかも短期間で実現しただけに、なおのこと価値があった。

営業現場では、ITが長年の悩みの種だった。システムを導入した際には、これで効率がアップし売上増につながるという触れ込みだったが、実際には効率が上がるどころか営業部隊の時間を浪費する代物で、悪評紛々だったのである。データの入力が面倒で時間がかかるうえ、リアルタイムのレポートには、現場が欲しがっている情報が含まれていない。このイニシアチブに取り組んだネットワーク組織のメンバーは、現場を回って直接話を聞き、どこに原因があるのかを理解した。そして、即応チームの呼びかけに応じてくれた二〇〇〇人の中から一〇〇人に宛てて、営業支援ツール開発への協力を求めるメールを送る。すると三日後には三五人がこれに応じ、そのうち二〇人が次の週には電話会議を開いた。

ツール開発に当たって最大の障害となったのは、技術的な問題でもなければ予算でもなく、I

Ｔ部門の縄張り意識だった。もともとＩＴ部門の営業支援ツール担当者は、営業部門からさんざん苦情を言われていたにもかかわらず、しかるべきツールをいまだに開発できていないことを後ろめたく感じ、批判を恐れていた。そこで、自分たちがいままさに開発中だから、手助けはいらないと突っぱねたのである。

次に彼らは、ほんとうにツールに問題があるのか、営業の連中は単に使い方を間違っているだけじゃないのか、と言い出した。ネットワーク組織のメンバーは、苦い教訓から学んだ原則をしっかり守って対応した。つねに相手に対する敬意を失わないこと。人間の本性や階層組織のあり方からすれば、こうした衝突は当たり前と心得ること、である。そこで、ＩＴ部門は慢性的にオーバーワークなのだから、そこまで緊急ではない営業支援ツール開発にまで手が回らないのはよく理解できる、と言い続けた。これでＩＴ部門の抵抗は、かなりトーンダウンした。

ネットワーク組織の最大の利点は、社内のさまざまな部署からやる気のある人間が参加していることだ。たとえば最前線のセールス担当者、ＩＴ専門家、営業マネジャー、財務スタッフ等々である。彼らは、通常は顔を合わす機会はもちろん、接する機会すらない。こうした面々が意見交換を始めると、新しいアイデアがおもしろいように出て来た。もちろんその多くは非現実的だったが、なかには十分に実現できそうなものもいくつかあった。そこで、イニシアチブに協力していたプログラマー数人が手分けしてソフトウェアを書き上げる——タブレット端末用のまったく新しいタイプのソフトウェアである。営業部隊はすっかりこれが気に入り、さっそく現場に配布された。コア・グループは、すかさずこの成功を社内にお披露目し、お祝いする。ＩＴ部門に

図表5-2　時間経過と成果

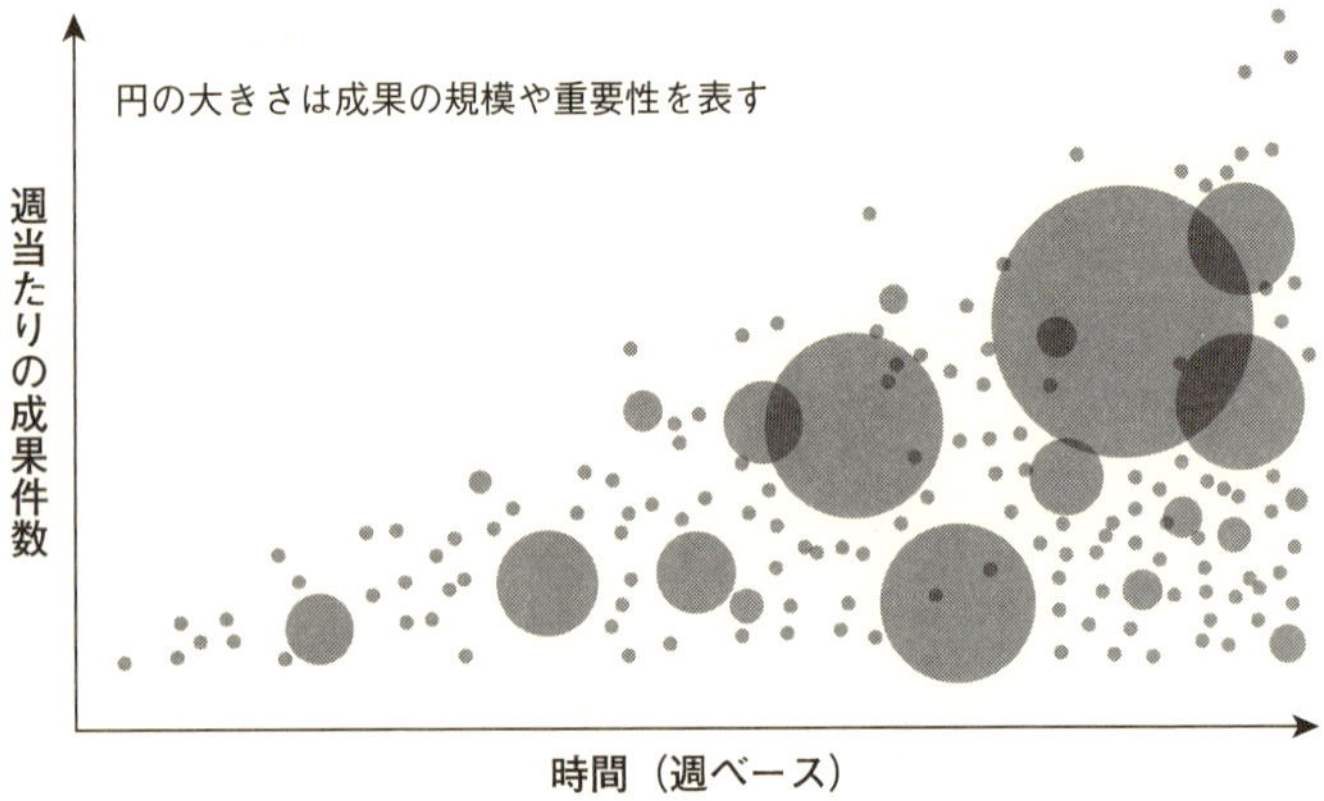

も協力を感謝するのを忘れなかった。

こうして大きな成功が社内に知れ渡ると、ネットワーク組織に対する信頼はぐっと高まり、他の戦略イニシアチブもスムーズに進行するようになった。ネットワーク組織に参加する社員が増え、大勢が前向きになり、リーダーシップを発揮し、多少の障害物にはへこたれないようになる。成功例を目の当たりにしたことが、多くの社員に勇気を与えたのだ。

コア・グループ発足から一年の間にたくさんの小さなイニシアチブへの取り組みが行われた。これをグラフに表したら、たぶんこんなふうになるだろう（**図表5-2**）。

もちろん、その後も数々の失敗はあったが、デュアル・システムが改善を重ねていることはまちがいない。本書の執筆時点で、T社のコア・グループは四代目に代替わりしているが、明らかに初代よりも進化している。同社のネットワーク組織は、より大きく強くなった。

ネットワーク組織が実現した戦略イニシアチブの成果はすべて階層組織に定着し、通常業務に組み込まれている。場合によっては組織文化になじまないこともあり、そのときにはイニシアチブの担当チームが定着させる方法を模索することもあった。新しいやり方のほうがよりよい結果を生む場合には、たいていは自然に浸透していくものだが、あまりに革新的なやり方の場合には、何らかの対策が必要になる。

誰もが驚いた二年後の成果

二年後には、戦略的課題に関してデュアル・システムを導入したことは正しかったと証明された。デビッドソン自身の強気の予想をはるかに上回る成果が出たのである。

・新規契約件数が五五％増を記録した。顧客との直接契約方式に新たな活路を見出したことが大きい。また製品投入のペースの加速、苦情に対する対応時間の短縮化、顧客ニーズの変化に関するデータ収集方法の改善なども寄与した。

・地域的には、アジアにおける契約件数が急増した。二〇〇九年には前年比二五％増だったのが、二〇一一年には六〇％増を記録している。

・売上高は四四％増を記録し、市場シェアでは、わずか二年間で業界四位から二位にのしあがった。
・利益増加と費用圧縮の相乗効果で、営業利益は三〇〇％を上回る増加を記録した。
・株式市場はこうした業績を好感し、時価総額は一五五％拡大して一〇〇億ドルを上回った（途方もない数字だが、株式市場ではときにこうしたことが起きる）。
・「働きがいのある職場」としてT社の評判が高まり、優秀な人材を採用できるようになった。

デビッドソンがひどく目新しいシステムの導入を宣言したとき、社外は言うまでもなく、社内の人間も誰一人として、こんな結果が出るとは思ってもいなかった。そもそも、成熟した組織がデュアル・システムを導入した事例を、誰も知らなかったのだ。だから、従来の階層組織が日常業務をそつなくこなす一方で、アクセラレータを組み込んだネットワーク組織が創造的な手法で（しかもコストをかけずに）戦略イニシアチブを短期間で実行できるなどとは、想像すらできなかった。それに、営業現場がどれほど短期間で変われるかについて、誰も比較すべき基準を持っていなかった。だから二年間でこれほどの成果が出たときに、誰もがびっくりしたのである。

その他にも成功事例はある

デュアル・システムを導入して成功したのは、T社だけではない。他にも先駆的な企業がすばらしい成功を収めた例をわれわれは目の当たりにしている。その一端をここで紹介しよう。

・ある連邦政府機関は、もっともな理由から廃止の対象になっていたが、デュアル・システムの導入により劇的に処理速度が改善され、モデル機関と称賛されるまでになった。
・あるエネルギー関連企業は、数年にわたり業績が横ばいで、社内の業務プロセスにも事業機会の活用にも問題を抱えていたが、デュアル・システム導入から三年間で規模と生産能力を二倍に拡大できた。
・ある製薬会社は、きわめて有望な新薬の製品化という事業機会を活かし、三年計画の成長目標をたった一年で達成した。
・ある医療機器メーカーは、ある明確な事業機会を通常の一・五倍のスピードで形にし、わずか六カ月で製品を市場に投入した。これが株式市場で評価され、時価総額は大幅に拡大した。
・アメリカ軍のある中堅組織は、過去数十年にわたり運営方式をほとんど変えていなかった。しかし一八カ月以内に戦略的な変革を行うよう圧力をかけられた結果、新たな任務への適応、新規要請への対応、大幅な効率改善を実現した。
・ある世界的な消費者向け製品メーカーのサプライチェーン部門は、最新の品質管理手法と技術改良を通じて生産性と能力を高めてきたが、ここに来て頭打ちになっていた。そこでデュアル・システムを取り入れて戦略転換を加速したところ、経営陣が驚くほど大幅に生産性が改善された。

・ある金融系プロフェッショナル・サービス企業は、きわめて保守的な体質で、多くの業界アナリストに「近い将来に安値で買収され、解体・消滅するだろう」とみられていた。しかしその三年後には大変身を遂げ、時価総額はわずか二〇カ月で六五％増を記録した。

以上のほぼすべてのケースで、上層部も驚くような成果を上げたデュアル・システムは、成功後も消滅せず維持されている。残念ながら一例のみは、階層組織がネットワーク組織を抑え込み、補佐的な役割に格下げしてしまった。しかしそれ以外のケースでは、俊敏な起業家精神が組織に根付き、さらに進化して収益の伸びを加速させ、さまざまな副次的効果をもたらし続けている。

第6章

真の危機感をいかに醸成するか

組織は本来的に自己満足に陥る

組織を変えるのは容易ではない。誰もがそれを知っている。まして戦略的に重要な大規模な変革となればなおさらだ。多くの人は、それを固有の問題のせいにする。市場が特殊だ、システム構築に時間がかかる、重要部門の組織再編が必要だ、といった言い訳をよく耳にすることだろう。だが真の問題は、つねに人間である。ほとんどの人は、大々的な変化を望んでいない。だから、組織のどこに問題があってどこを変えなければならないか考えようとしないし、第三者から指摘されても無視しようとする。たいていの人は慣れ親しんだやり方を好み、新しいシステムの構築が急務という場合でさえ、いつものやり方で臨むため、期限に間に合わず、コストもかさむ結果となる（第3章の人事情報システムの例を参照されたい）。いまの方針やいまの製品で何の問題もないと、多くの人が信じているのだ――まさに問題が大ありの、その瞬間に。

原因を見つけるのは、そうむずかしいことではない。まず、習慣というものがある。習慣は、いつもやっていることを続けさせる力がある。だから新しいやり方を示されてもどこがいいのか理解できず、抵抗したくなる。そして、自分がいいと思ってきたもの、失いたくないと思っているものに頑固にしがみつく。長年の習慣をあっさり捨ててあたらしいやり方に乗り換えるのは、言うなれば本性に反するのである。

もう一つ、あまり認識されていない力がある。それは組織の力学であり、習慣よりも強力に働く。たとえば、ボスのフレッドはどうも新しいやり方を好きではないらしい、といったふうに。だいたいにおいて中間管理層は、戦略的変革に取り組む際に重石のように作用する。組織の力は目には見えないだけに、なかなか気づかない。しかしこのような力が作用するときは、階層組織そのものに問題があることが多い。

経営陣を頂点とする指揮統制型の階層組織は、いま現在の信頼性と効率を維持するよう設計されており、大規模な変化には抵抗する性質を持つ。デュアル・システムのような新奇な試みともなれば、なおのことだ。階層組織には当然ながら階層があり、ルールがあり、きっちりと決まった業務分担があり、それゆえのサイロ化傾向もある。それぞれの地位や分担に割り当てられたことさえこなしていればよいというふうに、本来的に自己満足に陥りがちである。そして集団的な自己満足というものは、じつに根強くしぶとい。

企業を長年見てきて言えるのは、これに対抗できるのは危機感、すなわちアクセラレータ①しかないということである。変化を嫌がり改革に反発する力に打ち克つほど強い危機感を醸成しなければならない。よく使われるタスクフォースや戦略計画やプロジェクト・マネジメントやコンサルタントなどは、どれも役に立たない。逃してはならないチャンス、見落としてはならないリスクにフォーカスし、できるだけ多くの社員に強い危機感を抱かせること、これに尽きる（**図表6-1**）。

ここで言う危機感とは、問題点を認識したうえで有望な機会を逃すまいと油断なく目を光らせ

図表6-1　加速力を高めるには

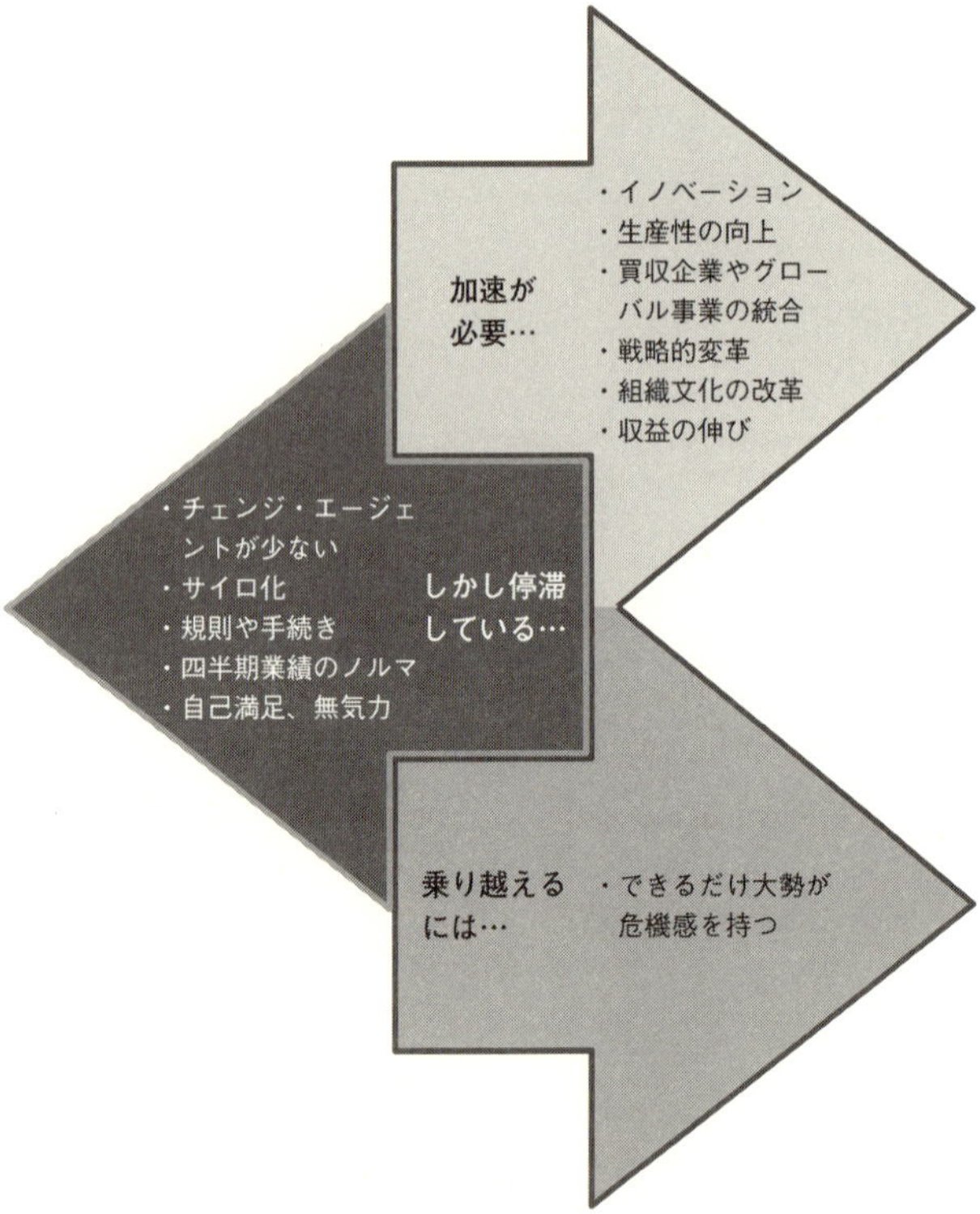

るという意味で、意識を研ぎ澄ますことを意味する。大勢の社員のエネルギーが一つの方向に向かえば、それは強い力になり、たとえ小さな会社であっても予想外に大きなことができるものだ。組織の動きを加速させ、反発や抵抗をも乗り越えて変革を推し進める秘策があるとすれば、それはアクセラレータ①をおいてほかにない。

自己満足と偽の危機感

真の危機感を持ち、戦略的な機会を逃すまいとする人は、自分に何ができるかを本能的に毎日探し求める。こういう人間の集団であれば、組織は自ずと前へ向かい、必ずチャンスをモノにするはずだ。さまざまなコミュニケーション手段を駆使して社内に機会や脅威を伝え、動きを加速する。ささやかでも成果が上がれば周知して共有し、みなで祝う、というふうに。自社の現状と未来の可能性を頭でも心でも理解し、「いま行動しなければ」と危機感を募らせている人は、つねに行動にそれが表れるものである。

危機感と正反対の感情に、自己満足がある。自己満足した人間は、これまでと違うことをする必要性を頭から否定する。新たな競争優位を開拓しなければ追い落とされるなどとはつゆ思わず、現状維持に終始する。もちろんこうした人たちも、いざ問題が発生すれば驚いて取り組み、少なくとも業績を挽回あるいは維持しようと努めるし、そのときには危機感を抱くようになる。だが往々にして彼らが取り組む対象は短期的あるいは一過性の問題であり、戦略的な課題ではないことが多い。それらは少人数で短期間に解決できることが多く、無事片付けば、もとのぬるま湯状態に戻ってしまう。

うまく設計され、かつうまく経営されている階層組織は、この種の問題解決には長けている。組み立てライン四番が停止した、顧客がサービスに不満を抱いて怒鳴り込んできた、上司から突然金曜の朝九時までに報告書を仕上げるよう命じられた、といったことは短期的な問題に該当する。なるほど外から見ると、社員は会議に次ぐ会議に明け暮れていたり、報告書を次々に書き上げていたり、せわしなく走り回っていたりする。これでは誰もが危機感に駆られ、ものすごいスピードで仕事をしているように見えるかもしれない。だが、実は不安や焦燥に駆り立てられてやむなくそうしているだけで、本物の危機感ではない。この偽の危機感は、自己防衛的な行動に駆り立てるだけだ。組織全体を有望な事業機会へと向かわせる生産的な性質のものではない。

厄介なことに、人間は自分が自己満足に陥っているとはけっして認めないものである。自己満足が組織戦略にとってプラスにならないことは、誰もが知っている。だが現実には多くの組織が自己満足に浸り切っているし、かなり聡明な人でさえそのことに気づいていない。自分たちが所属し、業務を割り当てられて日々働いている階層組織自体が、自己満足を見えなくさせるしくみになっているからだ。階層組織の頂点からであれば、戦略的に重要な問題や機会ははっきりと見えるはずである。だからCEOを始めとする経営陣にしてみれば、それに気づかず危機感も抱かない人間が社内にいるとは想像もできないだろう。だが実際には、もっともな理由から、多くの社員は気づいていないのである。いくつか実例を挙げておこう。

・自社の市場シェアが大幅に縮小した。挽回するためには、マーケティング戦略、営業組織、カスタマーサービスの大改革が必要であることは、はっきりしている。このことは、公然の事実だった。なにしろ『ウォールストリート・ジャーナル』が特集記事を組み、問題点をさんざんに書き立てているのだから。したがって経営陣は、まさに足下に火がついたことを十分に認識し、危機感を募らせていた。こうなるとエグゼクティブたちは、当然社員も同じ気持ちだと思い込みやすい。しかし実際には、スケジュールが会議で埋まり、日々急ぎの問題やノルマに駆り立てられている社員にとっては、大きすぎる問題は視野に入らない。ウォールストリート・ジャーナルの記事など話題にも上らないし、そもそも大半の社員は読んでもいないのである。

・研究開発部門が新技術の開発に成功した。製品化すれば大量の売上げが見込める有望な技術であり、うまくすれば業界トップに躍り出るチャンスだ。ただし製品化に際しては、製造部門の大幅再編が必要になることは、CEOにとっても、製造担当役員にとっても、はっきりしていた。製造部門の中間管理層には、新技術のことが伝えられた。しかし彼らは、毎日決まった数の製品を出荷すること、厳格な品質基準を守るべく製造上のトラブルを発見し解決することに忙殺されている。エグゼクティブたちが二時間かけて会議で新技術の将来性を話し合い、潜在需要を予想し、製品化に必要なリソースを検討するとしたら、製造管理者はせいぜい二分しかその問題に時間を割かない。彼らの間で新技術のことが話題になるとしても、だいたいはプライベートな場でのことだ。そして工場労働者は、新技術のことなど二秒たりとも考えないだろう。

・国防長官は、過去一〇年間に遡る広範な調査に基づき、アラバマに駐屯する部隊の大々的な再編成が必要であると結論付けた。この問題は、国防総省のみならずワシントン中でたいへんな話題となる。これに気づかない人間が世の中にいるはずはないように見えるが、実際には大勢の人が気づいていない。ワシントンという別世界で雲の上にいるお偉方の間でいくら話題になっても、下々の者には届かないのだ。軍部の中でそうした噂を耳にする者がいても、ワシントンからよく聞こえてくるガセネタだろうと無視してしまう。そしてこの手の情報は、ワシントンから千マイル近く離れた場所の地位の低い人間には全然流れて来ない。

自己満足や偽の危機感が組織に充満していることがわかった場合、変化に抵抗するのは人間の本能的な傾向だと説明されることが多い。たしかにそれも一因ではあるが、より大きな原因は組織にある。経営陣を頂点とする指揮統制型の階層組織は、ひとたび競争で優位に立つと自己満足に陥りがちだ。また競争の重圧がかかっている場合であれば、偽の危機感が充満しやすい。組織がサイロ化すると情報は滞りがちで、内部の人間には全体像が描けなくなる。とりわけ未来を変えるような機会や脅威といった大きな問題を、長期的な視点から俯瞰できにくい。業務分担がこまかく決められていることも、この傾向を助長する。今日の仕事さえやっていればオーケー、というふうに。

また管理志向の業務プロセスも、社員の注意を内向きにしがちである。誰もが予算や月次計画や評価基準のことばかり気にするようになる。社外の事業機会や脅威を発見する確率がぐっと落ちるのも無理もない。しかも階層組織がいちいちコミュニケーションの流れを妨げるため、仮にトップが強い危機感を抱いたとしても、末端まで正しく伝わりにくい。さらに管理志向の業務プロセスはたいてい数字で評価し分析するため、心に訴える要素が欠落しやすい。そのため、大きな事業機会や重大な脅威に対しても、社員のエネルギーや情熱を呼び覚ますのはむずかしい。そもそもうまく機能している階層組織は、感動や感情を必要としていない。感情というものはコントロールしにくいから、安定した信頼性を維持するうえでは邪魔になると考えられている。

危機感の喚起を妨げるこれだけの要因があるとすれば、大勢の人間に大きな事業機会や重大な脅威に気づかせ、危機感を抱かせることは、果たして可能なのだろうか。

大丈夫、十分に可能である。ただしそのためには、今日とはまったく違う行動が必要だ。

心を開き、外の現状に気づかせる

戦略課題に関する危機感を大きなうねりに持って行くには、何よりもまず、自分たちを取り巻く外の世界で何が起きているのかに大勢が気づき、それが何を意味するのかを真剣に考えること、そして、新しい解決策や可能性に「心が開かれている《オープンマインド》」ことが必要である。

内向きの組織や孤立化したサイロで働く人たちが、そろって無能であったり、悪意があったりするわけではない。ただし明らかなことが見えておらず、大きな変化が思いがけない速さで押し寄せていること、それに対応するには自らが変わらなければならないことをわかっていない。ここで重要なのは、「外を内に《アウトサイド・イン》」持ち込む、つまりあらゆるコミュニケーション手段を駆使して外の現状を組織内に周知することである。たとえばゲスト・スピーカーを招いて講演や会議を開く、他の組織を視察する、または社員を派遣する、現状をよく知っている人間や危機を経験した人間を選択的に雇用する、現状に触れる機会が多い社員（たとえば最前線の営業マンなど）の声を聞く、などが考えられる。ほかにも、外の現実に社員の目を覚まさせる方法はたくさんあるだろう。

リスクの裏にはチャンスあり、とよく言われる。たしかに、脅威のあるところには新しい可能性や機会が潜んでいるものだ。外部の脅威や危険性は危機感を醸成しやすいので、脅し作戦としてよく使われる。自己満足に浸り切っている人間の目を覚まさせるために、爆弾を落としてやるわけだ。だが狼少年の教訓からもわかるように、脅しはやがて効かなくなる。みんなの注意を引いてもたいした脅威でなければ、いますぐ改革が必要だとは誰も思うまい。二〇〇八～〇九年のグローバル金融危機は、その代表例だ。痛手は被ったもののあっさり救済された金融機関は、慎重になるどころかますますリスクテイクに励んでいる。

「いますぐ行動しなければ」という空気、すなわち真の危機感を生み出すには、すでに取り組み始めたマネジャーや社員の情報を広く共有することなどが有効である。ただし、告知メールのような定型的な情報発信にならないよう配慮すること。大切なのは、感情に訴えかけることだ。すぐれたコミュニケーション戦術は、トピックが何であれ、必ず心の琴線に触れる。そうなって初めて、受け手は重要な意味を見出すのである。

経営陣を頂点とする階層組織では、心や感情に訴えることは排除されている。大きな事業機会に乗り出そうとするときでも、いわゆる「ビジネスケース」、すなわちデータをもとに投資効果を検討した報告書を作成し、論理的に取り組みを促すのが一般的である。このやり方にもそれなりの効果はあるが、士気を高揚させるまでにはいたらない。成功例がないわけではないが、私が知る限りきわめて困難だった。

まずビジネスケース自体が難解である。大きな事業機会に取り組むために相当量のリソースを割り当てなければならない場合であれば、なおのことだ。コンサルティング会社が用意した検討書は一〇〇ページ近くになることも珍しくない。データがびっしりと列挙してあり、読み解くためにレクチャーを必要とするほどだ。経営陣でさえ、データを理解し提案との整合性を飲みこむのに四苦八苦するのだから、中間管理層が理解できなくても無理はない。こうして読むだけでもたいへんなビジネスケースは、会議で一度説明されたきり、おごそかにしまい込まれることになる。これでは危機感を呼び覚ますことは、とうてい期待できない。そもそもビジネスケースは分析的で理性に訴える手段であり、もし仮に頭で理解されたとしても、心には響かない。

さらに言えば、大きな機会や重大な脅威を訴えかける場合、オープンマインド、つまり聞く耳を持ち心を開いていないと、どんなに大声で説明しようが明快な報告書を作ろうが効果がない。

自己満足した人間は、よほど深く心を揺さぶられない限り、あるいは自分の身にいますぐ直接降りかかってくることでない限り、耳を傾けようとしない。「自分たちは完全にうまくいっている、変わる必要なんて何もない」と信じ込んでおり、何を言われても左の耳から右の耳へと抜けてしまう。

たとえば自分の愛車に完全に満足しているときに、腕利きのセールスマンが最先端のクルマを売りに来た場面を想像してほしい。たいていは、セールスマン氏がぺらぺらしゃべり始める前に「いや結構」と言ってぴしゃりとドアを閉めるだろう。あるいは、その手合いがパーティでずうずうしく話しかけてきたら、礼儀正しい人は仕方なく聞いてやるだろうが、いかにすばらしいクルマなのかデータを見て検討するのではなく、どうやってこいつから逃げ出そうかと考えるに違いない。聞きたくないことを延々と聞かされると、「このすばらしいクルマをすぐ買わなければ」と思うどころか、ますますうんざりする。あるいは明朝七時の会議のことで頭がいっぱいであれば、セールストークなど耳に入らない。いずれにせよ、聞く耳を持っていなければ、新しい情報など入って来ないのである。

トップがロールモデルになる

大勢の人間の心を開き、熱意をかき立て、危機感を抱かせ、大きなチャンスに突進する気持ちにさせる——このむずかしい仕事に何よりも効果的なのは、リーダーがロールモデルになることである。私が見た限りでは、デュアル・システムを成功させた企業でロールモデルを務めるのは経営トップだった。だがロールモデルは階層組織のどこから誰が始めてもいいし、方法も自由な発想でよい。一〇人が一〇人に危機感を抱かせ、その一〇人がまた別の一〇人に……という具合にして危機感が拡がれば、機会を逃さず活かす大きな力となるはずだ。

ロールモデルとなる人物は、廊下での立ち話でも戦略課題や機会を自然に話題にするし、もちろん会議でも言及し、メールでも触れる。自分自身が危機感を持って行動しているので、自信を持って、しかし押し付けがましくなく、自分はどうしたいか、それがなぜ重要かを、いつでもどこでも何度でも話すことができる。もちろん自ら実践しているため、その言葉には説得力がある。こうした日々のささやかな行為の積み重ねは、驚くほどの効果を上げるものだ。まさに塵も積もれば……である。

数年前、私はこれぞロールモデルと言うべき人物にお目にかかったことがある。あるハイテク企業のシニア・バイス・プレジデントで、三〇代後半というところだろうか。一日行動をともにしたのだが、誰かと話す際には必ず、過去の成功は未来を保証しないといった言葉を差し挟んでいた。かれこれ六時間で一〇人以上と話したが、そのたびに、である。ただし説教じみた調子ではなく、あくまで誠実にハイテク業界の実情を伝えるという姿勢だった。

さらに、新たな機会に取り組み始めた例も伝えた。競争優位を高める機会について述べた短い文章(二パラグラフ)を用紙一枚にプリントしていつも持ち歩き、会議や面談が終わる前に必ずその文章を確かめる。そして「いま話し合ったことはここに書かれていることと整合するか、齟《そ》齬《ご》を来していないか」を自問するのだ（ときには相手に問いかけることもある）。

もちろん自分自身も日々危機感を持って行動しており、それが上辺だけでなく信念から来ていることが周囲にもよくわかる。つねに組織内に自己満足の気配がないか警戒し、機会を逃さず活かせるよう些細なことにも気を配る。部下の言葉を借りるなら「歩くお手本」である。周囲が真似し始めるようになれば、それは最高のロールモデルだと言えよう。最高のロールモデルは周囲に強いインパクトを放射し、その印象は長続きする。

階層組織のトップが戦略課題に関して危機感を抱き、ロールモデルとなることの意味は大きい。管理志向の強い階層組織では、とかく仕事を専任の部門に割り当てがちだ。たとえば戦略的機会について全社にメッセージを発信する仕事はコミュニケーション部門に割り当てる、という具合に。だがコミュニケーション部門がどれほど有能でも、戦略課題にいかに対処すべきかを熱く語るリーダーほどの正統性や信頼性は備えていない。

また、危機感を浸透させる仕事を人事部門の教育研修担当部署に割り当てることもあるだろう。たしかに、研修にはそれなりの効果が期待できる。だがどんなに業績好調な会社でも、社員全員に研修を受けさせる予算はない。それに、仮に研修で刺激を受けた社員がいたとしても、職場に戻れば同僚たちはいっこうに危機感を抱いておらず、現状維持に終始している姿を目にすることになりがちだ。これではすっかりしらけてしまい、危機感は早々に消え失せることになりかねない。

成果を祝い、前向きのエネルギーを生む

ロールモデルを効果的に果たす秘訣の一つは、戦略的機会に関して何らかの成果が上がったとき、たとえそれがささやかなものでも組織内に周知し、祝うことである。できるだけ戦略的な意味合いを強調し、社内の士気が高まるような動きを起こせれば最高だ。小さくとも勝利は勝利であり、誇示することで新しい戦略に対する信認を高めることができる。また、一歩を踏み出そうとする人、手を貸すべきかどうか迷っている人に対しては、力強い後押しになるはずだ。成果を祝うというられしくも誇らしい報奨は、ものごとを進める前向きのエネルギーを生む。それは、祝われた人を幸福にするだけでなく、組織内に広く波及効果をもたらす。一つの小さな勝利が好循環を生む例は、読者もきっと目にしたことがあるだろう。

経営陣を頂点とする階層組織でも、ささやかなお祝いで前向きのエネルギーが生まれることがないわけではないが、稀である。よくも悪くも、金銭的報奨で報いるよう設計されているからだ。戦略課題に関しても、同様の方法がとられる。つまり何らかの計画が立てられると、すぐさまアメとムチが発動される。新たな目標が設定された場合、その進捗状況や達成度を追跡し監視する手段もちゃんと講じられる。そしてめでたく達成されれば、賞与や昇給といった金銭的手段で報いる。このアプローチは、お金というアメが理性はもちろん感情にも効果的だという前提に基づ

いている。たしかに、金銭的報奨にはそれなりの効き目はある――しかし、ある程度まで、という条件付きだ。それに、社内のどれほどの人間に、完全に満足のいく金銭的報奨を出せるだろうか。おそらく、ほんの数パーセントにしか出せないだろう。

ムチはさまざまな形をとりうるが、最も一般的なのは、上司からの圧力である。要するに、「君はこれこれをしなければならない、さもなくば……わかっているな」というわけだ。しかしこのアプローチは、意図せずして偽の危機感を生むことになりやすい。つまり、部下は不安と焦燥に駆り立てられて走り回ることになる。彼らはひどく忙しそうで生産性が高そうに見えるかもしれない。だが不安に突き動かされる行動は、ほとんど組織のためにならない。無用の軋轢を生み、反発を買ったり、悪賢い消極的抵抗に遭ったりするのが関の山である。抵抗を決め込んだ輩は、自分たちが行動しない理由について、じつにうまい言い訳をする。曰く、ＩＴ部門が遅れた、予算が不十分だ、ある重要顧客と突然トラブルになって人手をとられた、等々。

アメもムチも外から来るものであり、他人が決めて他人から与えられる。だが成果の意義や重みを決めるのは、危機感を持って行動した当人であるべきだ。当人こそが、それがちょっとしたお祝いに値する成果かどうかを直観的に決められる。

あるアナリストが、同じ職場の同僚八人に自社の置かれた現状を認識させ、危機感を呼び覚まし、新たな試みに引き込むことに成功したとしよう。これは好ましい方向への大きな意識転換であるし、それを知ったら上司も「よくやった」と感じるだろう。だが業績評価基準からすれば、ボーナスを出すほどの大成果ではない。しかしアナリスト本人にとっては、自己満足に浸り切っていた同僚をぬるま湯から引きずり出したのだから、達成感はかなり強いはずだ。それを認めてもらえれば、ますます意欲が湧くに違いない。

たった一人のアナリストの成果は小さいかもしれない。だが一〇人、五〇人、いや五〇〇人がそうした成果を上げれば、すなわち各人がリーダーシップを発揮し、ロールモデルとして行動すれば、積もり積もって大きな力になる。

いつでも、どこでも、誰に対しても

ロールモデルとなる人は、いい意味でしつこくしぶとくなければいけない。どんな機会も逃さず、ありとあらゆる手段を駆使して、できるだけ大勢の人を巻き込むことだ。いくつか実例を紹介しよう。

ジャック・マクガバンは、アメリカ中西部の重金属メーカーの経営幹部である。仕事柄、出張が多い。先日も、国内四カ所、ヨーロッパ三カ所、中東一カ所、アジア四カ所を回る強行日程をこなしたばかりだ。この出張ではスケジュールがびっしり組まれていて、戦略課題について時間を割く余裕はなかった。それでも、少なくとも二五回は会社の現状と事業機会について話し、危機感を高めることに貢献した。

しかも彼自身の行動は、さらに雄弁だった。ランチ・ミーティングを開いて有望な戦略機会について即席のスピーチをする、会議の最後に執行委員会からのメッセージ（彼なりの意見と決意を書き添えて一ページにまとめたもの）を配布する、講演の中に自社の可能性と活かすべき事業機会の話を盛り込む、コア・グループのメンバーとコーヒーを飲みながら激励する、といった具合である。

ユルゲン・バンダーハウスはいわゆるコンピュータおたくタイプだが、危機感を高め有望な事業機会に注意を引くためのポータルサイトを開設する際、中心的な役割を果たした。当初はごく基本的なサイトだったが、ユルゲンの熱意に引き込まれて、次第に大勢の社員が参加するようになる。いまや社員なら誰でもニュースを投稿できるようになり、自分たちの取り組みを撮影した動画も多くアップされ、なかには玄人はだしの作品もある。こうした情報や動画はどれも危機感を高めるうえできわめて効果的だ。社員のブログを公開するほか、執行委員会のステートメントも掲載し、それに対して社員が意見を投稿する興味深いコーナーもある。目下執行委員会は、これらをホームサイトに移すことを計画中だ。

現在はアクチュアリーとして働いているが、ひそかに映画監督になることを夢見ている若い社員は、動画制作支援ツールの開発に貢献した。このツールを使えば、社員は自分たちの取り組みを簡単に二〜四分程度の短い動画に編集することができる。動画はメールでの送信、ポータルサイトへの投稿、会議での紹介など、さまざまな用途に使える。もちろん素人が作るのだから不出来な動画も多いが、大事なのはどれも正真正銘の本物であって、演出ではないことだ。

真の危機感を持ち、機会を活かすためにはもっと仲間を増やさなければならないと考え始めると、驚くべきことが起きる。会社の仕事が終わってから、それに取り組むようになるのだ。なぜか――これは重要な使命だと信じると同時に、やり甲斐があっておもしろい仕事だと感じるからである。一人ひとりにできるのは、ごくささやかなことかもしれない。しかし全部を足し合わせれば大きな違いになる。とりわけ賛同する仲間が増え、さらに賛同者が増えれば、組織内に大きなうねりを起こすことができるだろう。

こうした取り組みは、誰かが管理しようと考えるとうまくいかない。裏返して言えば、経営陣には大きなうねりの全貌はつかみ切れないということである。階層組織に慣れ親しんだ管理職や経営陣にとっては受け入れがたいかもしれないが、管理すべきでないことを、しっかりと肝に銘じなければならない。

いったん大きなうねりが起きると、思いがけない力になる。その勢いの強さは、たぶん経験してみないと信じられないだろう。デュアル・システムに対する階層組織の本能的な抵抗に打ち克ち、戦略課題に真剣に取り組み、組織を未来に向けて加速させる。この力に勢いを与えるのは、やはり何と言っても大きな機会や自分たちの可能性に対する期待感、ワクワク感である。これについては、次章でくわしく取り上げる。

第7章

大きな機会、大きな可能性

なぜビジョンではなく、「大きな機会」なのか

大勢が危機感を抱いたとしても、てんでに違う方向をめざしたのでは何事もなし遂げられない。行動を加速させデュアル・システムを機能させるのは、一つの方向に向かうエネルギーである。したがって、単にできるだけ多くの人に危機感を抱かせるだけでなく、その危機感をもって何かに向かわせなければならない。

その何かとは、何だろうか。とかく安定と現状維持に傾きがちな階層組織の習性や、俊敏な新しい組織に向けた変革へのしぶとい抵抗に打ち克ち、行動を加速させるためには、何にフォーカスしたらいいだろう。

ここで多くの人が思い浮かべるのは、戦略目標だろう。あるいはビジョンかもしれない。あるいは戦略イニシアチブ、それとももっと具体的な計画だろうか。たしかにどれも最終的に向かうべき方向を示している。だがいま欲しいのは、スタート時点から大勢を奮い立たせ、一気にスタートダッシュさせてくれるような何かだ。それとも最後には同じ方向へ向かうなら、どれを選んでも大差ないのだろうか。

断言しよう。デュアル・システムを成功させ組織を加速させるには、スタート時点の違いが大きい。この点から言えば、戦略目標もビジョンもイニシアチブも、どれも不合格だ。はるかに効

果的なものはほかにある。

ビジョン、戦略目標のデメリット

それは、自分たちには大きな機会、大きな可能性があるのだと示すことである。ゲームのルールが変われば、好調企業にとってさらなる飛躍のきっかけとなりうるし、低迷企業には大逆転のチャンスとなりうる。もちろん大きな変化には脅威がつきものだ。しかし脅威の裏にチャンスあり。変化は機会と可能性の扉を開く。

多くの場合、私が「大きな機会」と呼ぶものは、事業環境の変化によってもたらされる。環境変化には、新市場の出現、技術の進歩、競争や混乱に伴う新規需要といった外的変化もあれば、新製品開発や新規雇用といった組織内の変化もある。「大きな」という形容詞をつけられるのは、機を逃さず活かせば意義深い成果が期待できるものに限られる。たとえば持続的成長、短期間でのイノベーション創出、評価や企業イメージの上昇（これは優秀な人材や投資の獲得につながる）、社会貢献度の高い使命の完遂などだ。

大きな機会、大きな可能性は、データで裏づけられた合理的なものでなければならないが、同時に社員を奮い立たせワクワクさせるようなものでなければならない。つまり、頭と心の両方に訴える必要がある。うまく示すことができれば（第5章、デビッドソンの四項目のステートメント参照)、未来への窓がいま開こうとしていると大勢が理解するだろう。そして多くの社員を巻き込み、未来へと向かわせることができる。

機会の窓が開いている期間は、短くなる傾向にある。二〇年ほど前までは、戦略的な機会の窓は一〇年以上にわたって開いていた。つまり機会に気づいて活かすまでに一〇年以上の猶予があった。いまや猶予は三分の一、四分の一となった。考えてみてほしい。数十年前には、中国やインドネシアやブラジルへの進出を急ぐ必要はなかった。ほとんどのモノやサービスにとって市場が小さすぎるか、規制がきびしく外国企業に対して閉ざされていたからだ。今日これらの市場は規模が大きく活発で、年二〇％のペースで拡大している。

大きな機会を提示することは、ビジョンを掲げることとは似て非なるものだ。機会の提言は、たとえば「事業環境要因X、当社固有の能力Yからして、サービスZを提供し、一年以内に収益の大幅増を実現しうる機会が存在する。サービスZの提供によって、少なくとも向こう五年間の継続的な増益が期待できる」といったステートメントになる。そして、意思決定スピード、顧客ニーズへの対応、人的資源が機会実現のカギを握るとすれば、その年のビジョンは「われわれは意思決定のスピードを上げること、顧客のニーズによりよく対応すること、誇りを持って働ける楽しい職場にすることをめざす」というふうになる。

デュアル・システムを成功させた企業は、例外なく大きな機会を示し、危機感を一つの方向に向かわせている（**図表7-1**）。なぜビジョンではなく機会なのか——理由は大きく分けて二つある。

一つは、伝統的な階層組織では、管理職も平社員も何らかのサイロに属しており、その視点で

図表7-1　機会の提言→ビジョン→戦略イニシアチブ

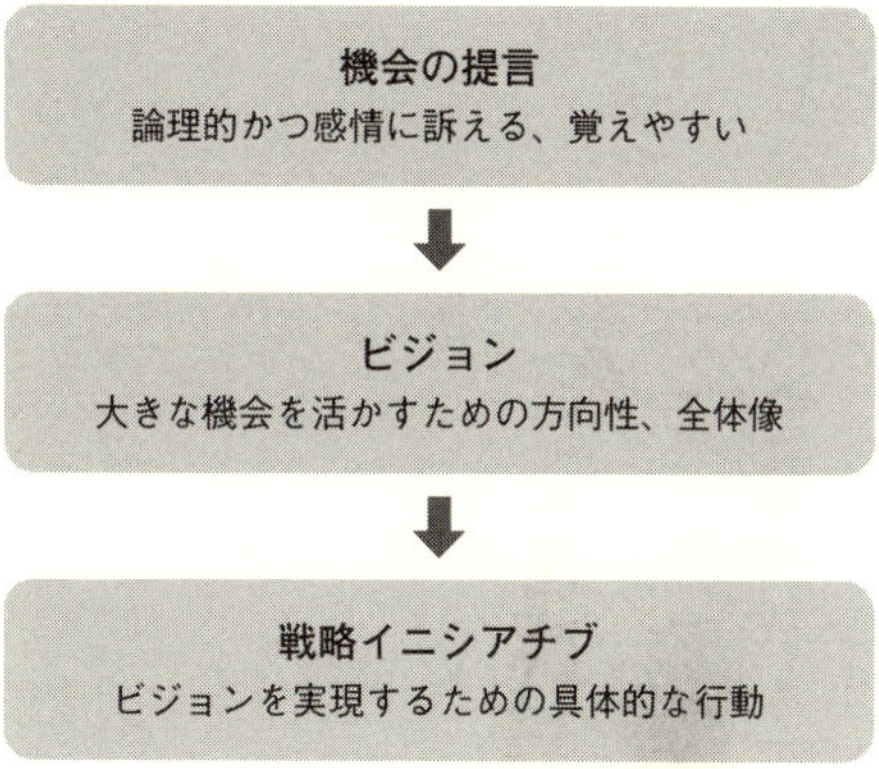

将来を考えてしまうことだ。多くのビジョンには将来のサイロの姿が透けて見える。すると、実現すれば自分のサイロの予算は削られ権力や影響力は衰えかねないと懸念する連中が出てきて、陰に陽に抵抗するだろう。だが、四項目のステートメントのような「機会の提言」であれば、やる気の出る明るい可能性が示され、しかもその多くは社外の機会であるから社内の人間の地位や権力を脅かす恐れは小さく、否定的な反応を引き起こすリスクは低い。少なくとも、ビジョンほど反感を買う可能性は低いと言える。

もう一つは、ビジョンというものはとかく「ビジョンはかくかくしかじかであり、その実現は君たちにかかっている」という調子になりやすいことだ。経営陣にそのつもりがなくとも、社員からすればそのように聞こえる。もちろん、トップが決めたのならそれで結構という社員もいるだろうし、CEOを敬愛し信じてついて行くという社員もいるだろう。だが一般的なビジョン・ステートメントは、得てして「上から申し渡された」ように受け取られる。大方の社員は、それが嫌いだ。そうして前へ進むべきときに立ち止まってしまうことになる。一方、大きな機会を提示するのであれば、社員を上から見下ろすような印象を与えず、むしろ外のチャンスに目を向けるよう誘うことができる。

機会は、戦略とも違う。戦略とは、一般には視覚《ビジョン》に訴える。ビジョンをより分析的に記述するものである。ビジョンは大きな絵を描き出し、文字通り視覚に訴える。行動や人について語り、望ましい組織の姿を描く。そして戦略は、数字やロジックを使って、その望ましい組織のあり方を実現するために何をすべきかを説く。次に戦略イニシアチブによって、戦略実行に必要な行動とその対象・範囲を明確化するわけである。ビジョンが大規模な変革を掲げ、その実現をめざすための戦略が立てられ、戦略イニシアチブがそれを実行するという関係になる。

ビジョンについて先ほど指摘したデメリットは、戦略にも当てはまる。すなわち、サイロの中にいる人間からは、自分の地位やリソースを脅かすように見えること、上から押し付けられたように感じられることだ。そのうえ戦略というものは、厳密に規定された狭い範囲の業務をこなしてきた人間、つまり大半の社員にとって、ひどく難解に見える。誰だって戦略を説明したぶ厚い書類など読みたくないし、それが複雑で七面倒ならなおのことだ。戦略の論理を理解できないと、ますます非協力的になる。これに対して、われわれにはこんな機会や可能性があるのだと提言すれば誰にでも理解できるし、機会の窓が開いているうちにつかまなければと真の危機感を高めることができる。役員室だけでなく、工場にも、オフィスにも。

戦略実行にフォーカスさせようとすると、そのステートメントはとかく論理偏重で心に響くものになりにくい。これでは、「いますぐ行動しなければ」「自分がやらなければ」という前向きのエネルギーを引き出すにはいたらないだろう。すると、戦略実行に積極的にかかわろうとする社員はごく少数にとどまることになる。対して、現実的な可能性を示す「機会の提言」であれば、社内の士気は一気に高揚し、実現に向けて行動を加速させることができるはずだ。

だからと言って、デュアル・システムを構築し行動を加速したいなら、今日大半の企業が定めている戦略を無視してよいとか、やめてしまえと言っているわけではない。第5章のデビッドソンのケースでも示したように、戦略イニシアチブを活用し、機会の実現に向けた行動を加速することは可能である。重要なのは、大きな機会を特定し提言するときに、階層組織の戦略と齟齬を来さないよう注意することだ。両者が食い違えば、デュアル・システムは一つの組織として初めから機能できなくなる。かと言って、既存の戦略を土台にして危機感を醸成しようとしても、当然ながらうまくいかない。

大きな機会を伝わりやすく示すには

大きな機会や可能性を提示する場合には、次の点に気を配ることが大切である。

・短い

どんなに長くても一ページ以内、できれば一ページの四分の一程度にまとめること。この程度の長さなら理解しやすく、共感しやすい。危機感を抱いた大勢の社員を「ぜひともこの機会をつかまなければ」と奮い立たせることができる。

・論理的である

組織内外の動向に即した整合的・論理的なものであること。合理的な人は、現実を踏まえない夢物語を受け付けない。よいステートメントは、なぜわれわれが・なぜいま・なぜわざわざそれをしなければならないかを簡潔に述べる。

・感情に訴える

論理的なだけでなく、心情的に納得できるものであること。人は理屈だけでは行動しないからである。階層組織のトップにもボトムにも、またサイロに閉じこもる人たちの心にも響くよう配慮する。

・前向きである

これから大きな機会の実現をめざそうというのだから、明るく前向きで希望に満ちたトーンが望ましい。「危機が迫っている」「足下に火がついた」といった表現は好ましくない。

・本音である

建前ではなく本音だと伝わること。「巧みな作文」という印象を与えてしまえば、モチベーションを上げることはできない。経営チーム全員が集結して発表すること、少なくとも全員が署名することが望ましい。そうすれば真剣勝負であることが伝わり、士気も高まる。

・明快である

短くて前向きで本音でも、何を言いたいのかよくわからないステートメントはいくらでも存在する。これでは一丸となって一つの方向をめざせない。

・整合性がある

機会の提言は既存の戦略や目標と矛盾してはならず、部門の提言は全社の方針と齟齬を来してはならない。たとえばデュアル・システムが定着している企業で、エンジニアリング部門が独自の戦略課題を解決すべく機会を提示する場合に、会社の経営計画や戦略と対立してはならない。矛盾や対立があると、いずれは軋轢や反目の種になってしまう。

以上を簡単にまとめると、機会の提言は、論理的で（背景と理由をはっきりさせる）、感情に訴え（誠実で前向きで本音である）、覚えやすい（短く明快で、専門用語や業界用語を使わない）ことが条件となる。

世のビジョンやミッション・ステートメントが往々にして効果がないのは、この条件を満たしていないからだ。だから社員に理解されないし、根拠のない美辞麗句と受け取られ、建前だけの飾り物とみなされて、いっこうに行動につながらない。社員を前へ進ませるのではなく、逆に足を止めさせてしまう。

経験から言うと、社員を動かすのは、二一世紀を生き抜くために戦略的行動を加速したいと本気で考え、そのためには新しい組織運営を取り入れることも厭わない経営チームが打ち出すステートメントである。この経営チームは会社全体の経営チームでもいいが、事業部や部門の経営チームでもいい。もちろん企業でなく、非営利組織の運営チーム（たとえば学校運営委員会）や政府機関の一部門（たとえば海軍の一組織）でもいい。ともかくも、組織運営に実際にかかわる人間が練り上げた本音の提言であることが重要だ。コンサルタントやタスクフォースに任せても、よい結果が出るとは思えない。

巷にはステートメントのテンプレートなるものが出回っていて、空欄を埋めればそれなりのものができ上がるようになっているらしい。だが、こんなものは何の役にも立たない。ほんとうに自分たちのものと言えるようなステートメントを掲げるには、掛け値なしの本物の中身と努力が必要である。

先ほど挙げた項目に加えて、次の点が機会の提言の判断基準となる。

・経営チームの賛同が、それも心からの賛同が得られるか。
・執行委員会の少なくとも何人かが手を貸そうと乗り出してくれるか。何をすればいいのかはっきりと見えておらず、どのくらい時間をとられるか、どのくらい困難かもわからないままに執行委員会のうち二人以上が応援団を買って出るようなら、よいステートメントだと考えてよい。

ケース① 製造サービス会社の成長の加速

ここで取り上げる企業はアメリカ東海岸にあり、私たちがコンサルティングを行った当時の売上高は七〇億ドルだった。同社の主要事業は、顧客企業の製造施設建設である。製造サービス業界は一〇年以上にわたり世界的に停滞していたが、経済、社会、政治などさまざまな要因により大きな変化が予想されていた。経営チームはこのことをよく承知しており、タスクフォースを編成してデータ収集と報告書の作成を命じる。タスクフォースからは、きわめて大きな機会があるとの報告が上がってきた。

そこで執行委員会は、この機会を周知し危機感を高めるためにステートメントを作成する。経営チームの半数は、これを熱狂的に支持した。業界が構造不況に陥り、自社の業績が伸び悩む現状に切歯扼腕《やくわん》していたのである。チームの残り半分は、お手並み拝見という姿勢だった。内容はもっともで実現すれば結構だが、そううまくはいくまいといささか懐疑的だった。彼らは頭も心も慎重だったと言える。一人だけは否定的で、「この手の試みは前にも見たことがあるが、どれも失敗に終わった」と辛辣に述べた。しかしCEOを含めて他のメンバーは、この男に同意しなかった。

この会社の機会の提言を以下に掲げる。実名がわからないよう多少変更したことをお断りしておく。

「政府の政策転換と市場ニーズの変化を考えると、われわれには今後四、五年以内に売上高を倍増し、業界トップに躍り出る機会がある。業界トップとは、市場シェアと新規建設件数の両面で業界一位になることである。

われわれが技術力における優位を維持する限り、また価値の実現を継続する限りにおいて、この機会は十分に実現可能だ。

われわれの成功は顧客企業の成功につながる。そして顧客企業の繁栄は、世界の多くの人々の生活水準の向上につながる」

大半の人はこうしたステートメントを見ると、大言壮語の見本だと鼻でわらい、まともに取り合おうとしない。メールで送られ、会議で読み上げられ、額に入れてオフィスや工場の壁に掲げられ……それだけで終わる。だが、同社は大勢を本気にさせることに成功した。なぜだろうか。

もちろん同社にも、ステートメントに懐疑的な社員、冷笑する社員はいた。もうすぐ業界トップになれるだって？　まさか、というわけだ。だが若手は違った。そして機会があると信じ、自社の可能性を信じた社員はほかにもいた。もちろんステートメントを作成した執行委員会も、である。だから機会の提言は、大勢の社員に危機感を抱かせ、一つの方向をめざす原動力となり、階層組織に充満していた自己満足と閉塞感を打ち砕くことができたのだった。

危機感を急速に浸透させ、可能性に賭ける気運を盛り上げるカギとなったのは、執行委員会が本気だったこと、同調した社員が熱心に活動したことだった。つまりアクセラレータ①がしっかりと機能したのである。こうしてデュアル・システムを構築し戦略機会の実現に向けて行動を加速する準備が整った。

ケース② サプライチェーンの改革

次に紹介するのは、アメリカ西海岸にある売上高二〇億ドルのハイテク企業である。既存製品では市場シェアで三位に位置する。だが画期的な新技術の登場により既存製品は軒並み陳腐化するリスクがあり、激震が予想される。将来はきわめて不確実だ。

こうした状況で同社が掲げた機会の提言は、次のとおりである。

「顧客企業はサプライチェーンのインフラ全体を大きく変えようとしている。われわれの前には、当社の革新的製品と顧客の成功を第一に考える企業文化によって、顧客企業のサプライチェーン・プロセスに革命を起こす機会が開けている。これを通じて顧客企業のファースト・チョイスになり、働くことを誇りに思える職場になる機会も開ける。いずれの機会も十分に実現可能である」

この短い提言に盛り込まれている要素に注意してほしい。まず、顧客企業のためにできること（サプライチェーンのインフラ）もはっきりしている。そのカギとなる要素（サプライチェーン・プロセスに革命を起こす）が明確である。二番目の文章には、自社の画期的製品によって顧客企業の成功に貢献できるという信念が反映されている。顧客第一主義の文化があれば、営業部隊は顧客企業に新製品の購入を決意させられるだろう、という期待も込められている。そうなればシェアの拡大が期待できること（顧客企業のファースト・チョイスになる）、社員の士気とプライドが高まることも示唆されている。

ここに多少の事実や仮定を盛り込めば、二、三ページに膨らませて新たな事業戦略らしく見せかけることは可能だろう。あるいはデータと分析結果を追加して、二〇ページぐらいの報告書にまとめることもできそうだ。しかしそれでは覚えにくく、読むのも面倒で、心に訴えることはできない。しかも細かすぎると、現状維持でよしとする連中に、揚げ足取りの格好の材料を提供することになってしまう。

この企業の場合、開いている機会の窓が技術的なものであって、経済・社会・政治的なものではない点も、ケース①とは異なる。それでも、よいステートメントの条件を満たしていることはまちがいない。本書の読者にとっては、あまり感動的なメッセージではないかもしれない。だが大事なのは、社員の心に響くことである。

ケース③ 医療関連企業の営業改革

このケースで取り上げるのは、ヨーロッパに本社を置く医療関連ハイテク企業のアメリカ支社で、主要業務は営業とマーケティングである。親会社の売上高は一八〇億ドルに達する。

アメリカ支社は、きわめて有望な新製品を二つ抱える一方で、主力だった大型製品二つがライフサイクルを終えようとしていた。伝統的な階層組織では通常の手順、すなわち社内の前例に基づいて収支予想を行う。すると、新製品の売上げが伸び始めるより早く旧製品の売上げが落ち込むので、ベストケース・シナリオ（旧製品が完全に姿を消す前に新製品の売れ始めた場合）でも、数年間は収益の伸びが鈍化することが判明した。

階層組織では部門も個人も自己防衛に走る傾向があり、目標未達の責任を問われることを極端に恐れる。そこで売上げは三年間横ばい、利益は減少という予想が立てられた。当然ながら、経営会議の議論はこの事態にどう対処するかに終始し、大きな機会に目が向かなかった。この空気を一変させたのが、営業部門のトップの発言である。

「なぜ二つの有望な新製品を従来の手順どおり投入しなければならないのか、なぜ販売手法を変えようとしないのか。違うやり方をしてはいけない理由があるのだろうか。たしかに販売手法を変えるとなれば、営業やマーケティングの改革が必要になる。戦略転換に対応する新たな組織も必要になるだろう。だが、その効果を考えてほしい。今後二年間あるいは五年間の収益がどれほど拡大するか、我が社の位置付けはどう変わるか、社員の士気がどれほど高まるか、考えてほしい。何とか業績を維持するよりも勝利を手にするほうが、誰にとってもうれしいはずだ。本社は必ずわれわれの後押しをしてくれるだろう。だからチャレンジしよう」

この発言をきっかけに活発な討論が始まり、機会の提言が作成され、デュアル・システムが構築された。その結果、言い出した当人も驚くほど短期間に増収増益が達成されたのである。

同社の機会の提言は、次のとおりである。

「われわれの新製品を早期に市場に投入し、売上高を今後五年以内に二倍にすることは十分に可能である。そうなれば、大幅増益が期待できる。また顧客満足を実現し、われわれ営業現場には誇りを、本社にはうれしい驚きを与えることができる」

ご覧のとおり、非常に短いステートメントである。だがここにも、たくさんの情報が盛り込まれている。とくに注目してほしいのは、「何を・なぜいま・なぜわれわれが」という問いに答えていることだ。また短い文章の中に、データに基づく分析的な見通し（五年以内に売上高を二倍にする）と関係者全員（顧客、営業、本社）の感情に訴える結果（満足、誇り、うれしい驚き）の両方を掲げている点もすぐれている。

私は最近このステートメントを別の会社の人間に見せた。すると彼はこう言った。「ウチには、こんな有望なチャンスはないからね。正直に書いたら、すごく退屈なありきたりのステートメントになるだろう」。だが、件のステートメントを掲げた企業にしても、当初は経営幹部の半分近くがそう考えていたのである！

ケース④ 軍隊の組織改革

最後に紹介するのはアメリカ軍の一師団で、国防総省から生産性をもっと高めろとハッパをかけられている。第二次世界大戦以降、生産性は横ばいだが、少なくとも三〇%は高められるはずだという。そこでこの師団は定石的な手段を駆使して、生産性を高めようと悪戦苦闘した。つまり司令官が檄を飛ばし、兵士の尻を叩き、目標の上方修正やタスクフォースを編成しての取り組みなども行ったが、さしたる成果は上がらなかった。なにしろ数十年にわたって同じ手続きで運営されてきた組織だから、並大抵のことでは変わらないのである。

そこでこの師団は、変革の可能性をステートメントとして掲げることにした。

「国防総省からの強い要請に加え、紛争が頻発する世界の現状を考えると、過去五〇年に蓄積された非効率なプロセスを排除し、前例重視の体質を変えることが急務となっている。われわれの優秀な人員を持ってすれば、それは十分に可能だ。

われわれは今後二年のうちに、新たな意欲、使命感、責任感を持つ集団に生まれ変われるはずだ。それによって組織のあり方にも行動にも劇的な変化を生み出し、短期的な目標を達成すると同時に、二一世紀の課題に対して即応態勢を整えることができる。

今回の要請はチャンスである。この機を逃してはならない。国家と政府を、われわれの師団と兵員を落胆させてはならない」

このステートメントからは、伝統に縛られた組織が、差し迫った強い要請を機に生まれ変わろうとする意欲を読み取ることができる。国防総省からの要請を受けた直後は、ネガティブな論調が組織を支配していた。そんなことは実現不可能だ、ペンタゴンは大統領や世論の手前、体裁を整えるためにそんな要求をしてきたのだ……云々。

図表7-2　機会の提言とネットワーク組織

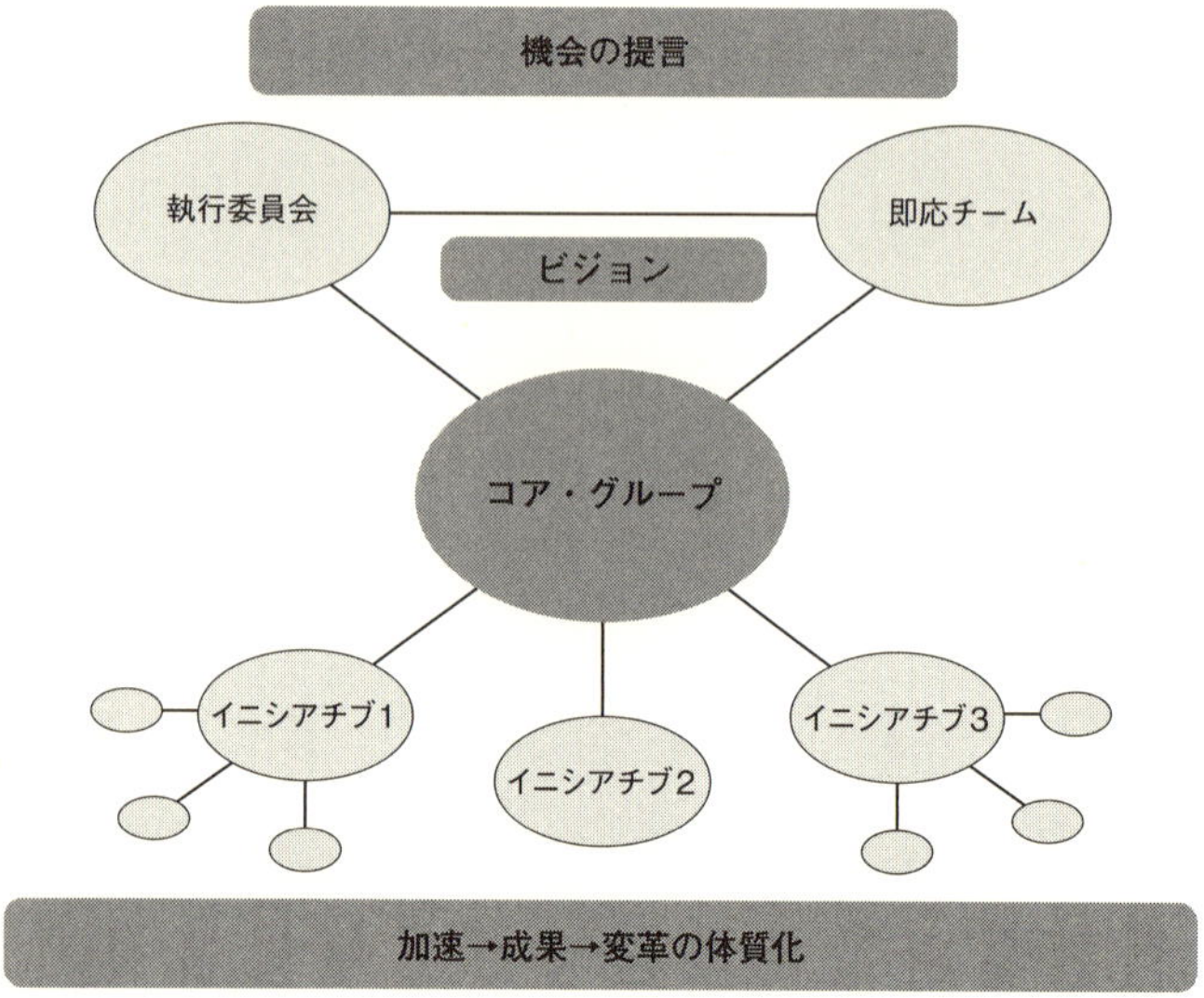

しかし従来通りのやり方で変革を試みてもいっこうに埒《らち》があかないことに気づいた数人の幹部が、むしろこれをチャンスと捉えて新しいアプローチで臨もうと言い出し、ステートメントが作成された。こうしてこの師団は、突きつけられた戦略課題に短期間で応えることができたのである。

＊　＊　＊

アクセラレータ①すなわち危機感を高めるプロセスは、二段階に分けることができる（**図表7-2**）。

第一段階では、大きな機会、大きな可能性を見きわめて、周知する。これがデュアル・システム構築のスタート地点になる。

第二段階では、この機会の実現をめざす機運を盛り上げ、危機感を一つの方向に向かわせる（第6章も参照されたい）。

アクセラレータ①がうまく機能すれば、デュアル・システムの構築はうまくいく――たとえ「そんなことは到底無理」と拒絶反応を示していた組織においても。

第8章

デュアル・システムを巡る「よくある質問」

多くの人の不安と疑問に答える

階層組織のみのシングル・システムという組織構造がすっかり定着しているため、他のシステムを提案すると懐疑的な目で見られ、質問攻めに遭うことが多い。ネットワーク組織はどの企業も発足当初は経験しており、直観的に理解できる組織形態なのだが、それでも多くの人が疑問や不安を感じるようだ。本書で説明してきたように、デュアル・システムの基本的なコンセプトはきわめてシンプルである。しかし階層組織が頑強に根付いていて硬直化している場合には、なかなか導入できないケースもある。

これまでの経験からすると、デュアル・システムの導入を提案したリーダーが受ける質問は、それが同僚であれ部下であれ上司であれほとんど同じである。そうした質問に説得力のある答えができれば、その後の導入はうまくいき、成功率も高くなる。しかし相手に納得してもらえなければ、無用の軋轢を生み、将来に禍根を残すことになるだろう。

そこで本章では、よくある質問の例と答えを掲げておくことにしたい。デュアル・システムを導入する際にきっと役に立つと信じる。

――当社では、部門横断型のタスクフォース、タイガーチームなど、すでに類似の試みをして

いる。これらは基本的にデュアル・システムと同じではないか。

たしかにタスクフォースやこの種のチームにはデュアル・システムと共通する面もあるが、全体としてはまったく別物である。タスクフォースであれ、タイガーチームであれ、あくまで単一の階層組織内で活動し、階層組織によって管理される。たいていは新たな戦略やそのイニシアチブを遂行するために編成され、二〇世紀型組織の補佐的な位置付けになる。チームのメンバーは指名され（志願者を募る場合もあるが、多くは志願するように言われる）、やはり指名されたチーム・リーダーやプロジェクト・マネジャーから指示を受ける。チームのメンバーはせいぜい十数人というところで、任務を完了すると解散する。そして多くの場合に、計画立案、評価基準・責任分担・期限の設定、進捗状況と中間目標達成度の報告といった標準的なマネジメント・プロセスに沿って活動する。チームは、階層組織の上位者に対して報告を行う。

平穏無事の事業環境であれば、こうした手法も十分に効果を発揮できるだろう。だが変化の速い環境で激烈な競争を生き抜こうとするなら、より多くのエネルギーと俊敏性が必要だ。そのような場合には、デュアル・システムのほうがはるかに優れている。

――われわれは新しい戦略を遂行した経験が何度もあり、やり方はもうよくわかっている。なぜ過去に成功している慣れたやり方を捨てなければならないのか。

うまくいっているやり方を変えなくてよい場合もあるが、過去のやり方ではスピードが遅すぎるケースが少なくない。それは、次の四つの理由からだ。

第一に、事業環境の変化のスピードが加速している。速い変化に対応しなければ競争優位に立つことはできない。技術革新とグローバリゼーションを背景とした変化の加速は、さまざまなデータでも裏づけられている。古いやり方はもはやうまく機能しない可能性が高い。「ここまで来たやり方であそこまで行けるとは限らない」のだ。信頼できるデータによれば、一回限りの改革でさえ七〇%以上の企業が失敗し、成功するのは五%未満だという。この事実があまり知られていないのは、誰も失敗を認めたがらず、世間から隠そうとするからだ。しかも成功した企業でさえ、それは一回限りであって、変化する事業環境に継続的かつスピーディに対応できているわけではない。もし継続的に対応し続けられるなら、強力な競争優位となることはまちがいない。

第二に、想定される価値がきわめて大きなものとなっている。第3章の教訓を思い出してほしい。戦略課題をうまく解決できなかった場合には、重大な結果を招くことになる。大企業の場合、成功すれば数十年にわたって時価総額が数十億ドル規模で増えるだろう。しかし失敗すれば、存続すら危うい。

第三に、リスクが大きくなっている。人はやったことのない試みを避けようとしがちである。未知のものはおそろしいからだ。とはいえ企業はすでに、事業再編、ＩＴシステムのオーバーホール、新興市場への投資など、デュアル・システムより大きなリスクに取り組んでいる。一方のデュアル・システムは、企業が成長過程で通過してきた自然な組織形態であり、巨額の投資も必要としない。

第四に、デュアル・システムでは短期間で大きな成果を上げることができる。最近の業績を振り返って、比べてみてほしい。私たちが調べた限りでは、デュアル・システムを導入した企業では、二年間で収益を二倍に伸ばす、三〇カ月で時価総額を二倍近くにする、倒産寸前の企業が業界のモデル組織に変身を遂げる、長年停滞していた企業が三年足らずで将来有望な活気ある組織に生まれ変わる、といった成果が出ている。

――デュアル・システムあるいはネットワーク組織の実績はどのように測定するのか。

私が調査したデュアル・システム採用企業では、コア・グループが試みる業績評価は、従来型の階層組織の評価方法とは異なる。階層組織の場合、評価の重要な基準は事業計画の目標達成度だ。しかしネットワーク組織は、いわゆる事業計画を持たない。機会を提示し、ビジョンを掲げ、戦略イニシアチブ（ここからサブ・イニシアチブが派生する）を決めるだけだ。階層組織では数値化できない成果を無視しがちだが、ネットワーク組織ではきめこまかく目配りし、数字に表れない質的な評価を行う。

階層組織では、担当業務ごとに専門化し孤立化した「サイロ」ができやすく、自分の仕事さえしていればよいという空気が生まれがちで、実際に評価も担当業務について行われる。これに対してネットワーク組織では、多種多様なイニシアチブが生まれ、それを実行するチームが自然発生的に結成され、評価基準も自分たちで決める。こうした評価方法の違いは、組織の性格に由来する。すなわち階層組織は成熟、信頼性、効率を旨とするが、ネットワーク組織は、革新性、速さ、俊敏性を身上とする。

ネットワーク組織が取り組むイニシアチブの中には、経済効果を数字で表せるものもある。新しい手法の導入で年間Xドルのコスト削減になったとか、追加費用なしに新製品の投入時期をYカ月短縮したとか、売上げが積み重なり年間Zドルの増収を実現した、というふうに。

だが、はっきり実感はできても数値化できない成果も少なくない。何年も変えられなかった慣行や行動を変える、といったことだ。ある企業では、営業現場と製造現場の協調が必要だと長年考えていたが、いっこうに実現できなかった。しかしネットワーク組織の創意工夫により初めて実現した。デュアル・システムを導入してイノベーションの創出頻度が高まった、社員の経営参加意識が高まった、などの成果もある。

また、数値化はできても、因果関係を証明できないという意味で直接的でない成果もある。たとえばデュアル・システムの導入後に社員の意欲が高まったことが定期的な行動調査で確かめられた、翌年に応募者がW％増えた、といったケースだ。あるいは業績評価において社員のリーダーシップに向上がみられ、その大半はネットワーク組織で何らかの役割を果たしていた、というケースも少なくない。さらに、これはもう検証不能だが、ネットワーク組織に積極的に関与している社員の意気込みが伝染し、社内全体に活気があふれるようになったというケースもある。

――ネットワーク組織では、メンバーは分担した仕事についてどのように説明責任をとるのか。各人の業績評価にどのような基準を適用すべきか。実績に対してどのような報奨制度を用意すべきか。

まさに階層組織的な質問だ。階層組織では、これらをきっちり決めておかないと仕事は効率よく進まないと考えられている。だがネットワーク組織では、説明責任、評価基準、報奨制度といったものは重要ではない。大切なのは、危機感、コミュニケーション、権限分散、個人のリーダーシップ、そして、「ぜひともこれをしたい」という情熱とワクワク感だ。これらを高めるうえで、アクセラレータが重要な役割を果たす。

もちろん、ネットワーク組織でも説明責任をないがしろにしてよいわけではない。だが、自ら手を挙げた社員で構成されているため、自分が引き受けた仕事をやり遂げることについては各自が自ずと責任を持つ。イニシアチブの進捗状況をチェックしたり、達成度を確認したりするうえで評価基準が必要になれば、それぞれの担当チームが自分たちで基準を設定する。報奨制度が必要だとは思わないし、導入した例を見たこともない。ネットワーク組織に参加する社員は、金銭的報酬が目当てではないのだ。

――ネットワーク組織の責任者は誰か、誰に報告するのか。

これまた階層組織の発想だ。ネットワーク組織は、階層組織の誰かの下に置かれるものではない。共存共生のパートナー関係にある。もちろん、デュアル・システムが機能し続けるためには、階層組織の執行委員会がネットワーク組織の立ち上げを決断し、活動できる環境を整え、支援し宣伝し成果を祝うロールモデルとならなければならない。正式な組織としてのガバナンスや権限は階層組織の側にある以上、階層組織はネットワーク組織に影響力を行使できるし、いつでも活動を停止させることもできる。その一方で、階層組織が大きな機会の実現をネットワーク組織に委ねるからこそ、それがモチベーションの源となり、行動を導く北極星のような存在となる。

デュアル・システムにおいては、スタート時点から、コア・グループと執行委員会が階層組織とネットワーク組織の風通しをよくし、よいパートナー関係が形成されるよう注意を払わなければならない。両者はあくまで一つの企業組織として機能し、戦略的にも整合していることが必要だ。同じ仕事が重複してリソースを無駄遣いしては困る。この共生関係がうまくいくようになるまでには努力を要するし、ある程度の時間も必要だろう。だがうまくいった暁には、大きな効果が期待できる。

——ネットワーク組織を管理するのは誰か。コア・グループか。そうだとすれば、誰がどのようにコア・グループを管理するのか。

ネットワーク組織を「管理する」という言い方はふさわしくない。コア・グループの役割は、ネットワーク組織を「導く」、あるいは「先頭に立つ」ことだ。デュアル・システムがうまく機能するうえで、コア・グループが果たす役割は大きい。第一に、「機会の提言」の枠組みの中で、その実現をめざすビジョンを定める。第二に、最初に取り組む戦略イニシアチブを決め、それがビジョンと整合すること、階層組織の戦略と矛盾しないことを確認する。第三に、執行委員会と密に連絡をとる（ただし、執行委員会の下に位置づけられるわけではない）。第四に、ネットワーク組織で進行中の案件に気を配り（ただし管理や命令指揮はしない）、階層組織と重複あるいは衝突しないよう注意し、イニシアチブ・チーム同士のコミュニケーションの円滑化や問題解決を支援する。第五に、成果が上がったら祝う。第六に、アクセラレータがつねに機能するよう気を配る。

コア・グループ自体は、誰も管理しない――少なくとも、階層組織で使う意味では。段取りや手配や会議の進行などは、ファシリテーター役の誰かがする。主なイニシアチブに関しては、だいたいは誰かが自然に仕切るようになるものだ。コア・グループの中からリーダー・タイプの人間が現れ、困ったときや揉めたときにみんなが頼りにするようなことはあるかもしれない。だが、ネットワーク組織に上下関係は存在しない。

――ネットワーク組織をうまく機能させるために、経営幹部やマネジャーはどの程度の時間を割く必要があるか。

ネットワーク組織は文字通り組織であって、独立したプロジェクトではない。プロジェクトであれば、計画立案、評価、予算編成、管理が必要になるが、ネットワーク組織にそのようなものは無用だ。また、ネットワーク組織は有機的に形成されるもので、計画・運営が必要な組織再編とは異なる。したがって、多くの時間を取られることはない。

経営幹部はデュアル・システムの発展を応援し、後ろ盾になり、必要があれば助言すること。そうでなければ絶対にうまく機能しない。だがネットワーク組織に個人的に参加して仕事を分担しない限り、さほど時間は取られないはずだ。デュアル・システムに関する仕事としては、機会の提言を承認しイニシアチブの進捗状況を見守る、ネットワーク組織の原則やプロセスを学ぶ、コア・グループと適切なパートナー関係を形成・維持する、成果が上がったら評価し、宣伝し、一緒に祝うといったところで、おそらく執務時間の五％程度で十分だろう。平均的には週二時間といったところだ。もちろん二時間であっても貴重だし、とくになじみのない組織形態だから、当初は重荷になるかもしれない。しかし階層組織の業務を阻害することはないと信じる。

時間よりも重要なのは、経営幹部の態度や行動である。発揮すべきはリーダーシップであって、管理しようとしてはいけない。そしてネットワーク組織が動きやすいよう、社内でロールモデルになることだ。と言っても、やることは簡単である。機会の提言を社内に浸透させること、成果を祝福すること、これに尽きる。

とくにデュアル・システムの導入を決めたトップは、経営トップであれ、事業部のトップであれ、ロールモデルとなることが強く求められる。ネットワーク組織の責任者を任命するような愚を犯してはならない。トップはデュアル・システムの価値を認め、そのことを社内に明確に伝えなければならない。

――当社では、管理職も平社員ももう手一杯だ。かといって、デュアル・システムの構築をコンサルタントに任せたらうまくいかないことはわかっている。どうしたらよいだろうか。

コンサルタントに関する指摘は、そのとおりだ。また、社内の人間がすでに手一杯で余裕がないこともよく理解できる。だがアクセラレータ・プロセスは、同じインプットからより多いアウトプットが得られるよう設計されているし、現実にもそうした結果が得られている。

アクセラレータ①がうまく機能して危機感が高まり、大きな機会をぜひとも活かそうという意識が社内に浸透したときから、組織は変わってくる。大勢の社員が新しい機会に意欲をかき立てられ、その実現のために、決められた業務のほかにも自ら仕事を引き受けようとするはずだ。

未来を切り拓くような大きな機会は、「何か大きなことをしてみたい」という本能的な欲求を刺激する。誰もがひそかに抱いているが、いつもの仕事では発揮できない情熱や野心をかき立てるのだ。そして、「やってやろう」という気持ちがふつふつと沸き上がる。日頃から自社の未来を信じ、使命の達成を望み、顧客満足を真剣に願うような社員は、この刺激にとくに敏感に反応するだろう。アクセラレータ・プロセスは、彼らのエネルギーを解き放ち、より多くの社員を巻き込み、いつもの仕事では巡り会えない人間同士の連帯意識を醸成するように設計されている。

このプロセスは達成感と充実感をもたらし、人間を成長させる。ネットワーク組織に参加した社員の多くは、能力の幅が大きく拡がるものだ。

そもそも人間のエネルギーは有限ではない。有限だとしたら、ネットワーク組織の活動にエネルギーの二〇%を投じたら、本来の業務には八〇%しか残らない。しかし実際には、エネルギーを一二〇%に増やして、そのうち二〇%をネットワーク組織に注ぎ込むことができる。実際、デュアル・システムがうまく機能すれば、それが可能になるのだ。

にわかには信じられないかもしれないが、よく考えてほしい。大半の人は、これまでの人生で何度となくそうした例を目にしたことがあるはずだ。たとえば親は、わが子から勉強がわからないと訴えられたら、どんなに忙しくても時間をひねり出して教えてやるだろう。激務で疲れ切った人間が、家に帰るなり自慢のバイクを組み立て始めることもある。そうしたエネルギーは、ちゃんとどこからか湧いてくるのである。

ネットワーク組織にかかわることには、思いがけない余録もある。二つの仕事を掛け持ちするので、時間管理がうまくなる。真に重要な仕事と、効果に乏しく時間ばかり喰う仕事を峻別できるようになる。こうして付加価値の高い仕事に集中し、より生産性を高められるようになる。

――社員がネットワーク組織に熱心になるのは結構だが、本来の業務がおろそかにならないだろうか。

階層組織がきちんと機能しているなら、そのようなことは許されないはずだ。指揮系統、効果測定、業績評価、説明責任といったものによって、怠慢はすぐに発見され是正される。

デュアル・システムにおいては、両方の組織に関与する社員は、本来の業務を怠ることは許されないと理解している。だから、階層組織で重要な任務や緊急の仕事をしなければならないときには、一時的にネットワーク組織を離れる。これが、正しいあり方だ。俊敏性と柔軟性を身上とするネットワーク組織のいいところは、誰かが離脱しても、すぐに別の誰かが代役になれることだ。いちいち募集して面接して選抜して条件交渉をしたりする必要はない。この意味で、ネットワーク組織は通常の企業や政府組織よりも、消火栓から火災現場までバケツリレーする消防隊に似ている。一人がいなくなっても誰かがすぐ駆けつけるか、両側の人間が何とかやりくりするわけだ。だから一人いなくなってもネットワーク組織は問題なく機能する。

――ネットワーク組織に志願する人間を戦略的に重要な課題にフォーカスさせ、優先順位の低いくだらないプロジェクトに没頭しないように仕向けたいのだが。

デュアル・システムを構築するプロセスは、会社の未来につながる大きな機会、有望な可能性に沿って行われる。その機会は会社の既存の戦略と整合するはずだ。適切に作成された「機会の提言」がネットワーク組織の指針となり、無用のプロジェクトは自ずと排除される。

戦略とは無関係のサブ・イニシアチブを誰かが始めようとしたら、別の誰かが注意するだろう。ネットワーク組織に上下関係はなく、そのような行為を差し出がましいとか、平社員の分際で、などと非難されることはない。

うまく機能しているデュアル・システムでは、ネットワーク組織のビジョンも戦略イニシアチブも「機会の提言」と一致しており、コア・グループと執行委員会の両方の承認を得ているはずだ。このこともまた、ネットワーク組織の逸脱や迷走を食い止める防波堤となる。

――デュアル・システムの二つの組織をどうやってまとめるのか。両方の行動がばらばらにならないようにするにはどうしたらいいのか。

教育・研修が有効だ。デュアル・システムとはどういうものか、経営幹部やコア・グループはどのような役割を果たすか、といったことのプレゼンテーションを行うとよい。また、ネットワーク組織の人間が実際にみな階層組織で正規の業務を担当していることも、理解を高める役に立つ。それから言うまでもなく、コミュニケーションが大切だ。コア・グループと執行委員会とのコミュニケーションはもちろんだが、ネットワーク組織に参加している社員と、参加していない社員とのコミュニケーションも重要な役割を果たす。

私の経験から言うと、両組織のコーディネートに関してとくに重要なのは、両者の重複を避けることだ。ネットワーク組織は新しく何かを始める前に、すでに階層組織でやっていないかチェックしなければならない。

二つの組織は、次のような状況で衝突しやすい。階層組織で進行中のプロジェクトの成果がさして上がっていない。しかしプロジェクト・チームの面々はそのことに気づいておらず、他人の手を借りたいとは全然思っていない……。業績評価基準や報奨制度を見直すプロジェクト、新製品のコミュニケーション・キャンペーン、新規導入したシステムの効果測定等々、誰しも思い当たる節があるだろう。このようなときに、ネットワーク組織の側からやり方がまずいなどと指摘しても、軋轢を生むだけで時間の無駄にしかならない。

ここでも、アクセラレータによって自ずと正しい取り組みが生まれるはずだ。ネットワーク組織は、こうした衝突を取り除くべき障害物の一つと捉え（アクセラレータ⑤）、原因を見つけて解決を図る。

――戦略イニシアチブはすべてネットワーク組織に委ねるべきか。

そんなことはない。どちらが何をすべきかについて、一般的な原則を挙げておこう。大規模な変革を必要としないもの、前例があるもの、慣れ親しんでいるものは階層組織が行う。明確な戦略課題であって、目標がはっきり定まっており、その目標もそう遠い先ではなく、抵抗や反発も強くないもの、期限内に目標を達成する方法がよくわかっているものは階層組織の仕事だ。階層組織には計画立案やプロジェクト・マネジメントのノウハウが蓄積されている。

一方、会社にとっての価値が大きく、大胆な変革を必要とするもの、スピードが求められるもの、先行きが不透明なもの、非常に革新的なイノベーションを必要とするものなどは、ネットワーク組織のほうがうまくやれる。変化の速い事業環境では、そうしたイニシアチブが大幅に増えている。

あるいは、こんなふうに考えてもいい。いかなる戦略課題も、イノベーションも、変革も、期限内に妥当な予算の範囲内で十分に実現可能だと思えたら、それは階層組織でやればよい。たとえば、従業員の福利厚生制度を四年ごとに見直すといったプロジェクトは、制度に対する不満がさほど大きくなく、かつ新しい法律ができて緊急に対応を要するということでもない限り、階層組織で実行できる。

階層組織でもできるが、もっと短期間で実行したいとか、より創造的な解決が望ましいといった場合には、ネットワーク組織が手助けをするとよいだろう。たとえば、新しい法律の規定により、何らかのプロジェクトを当初の予定より早く遂行しなければならなくなった場合には、ネットワーク組織の力を借りるとよい。

階層組織の手に余るとか、機会を逸しかねない、あるいは予算を大幅にオーバーしてしまうといったイニシアチブは、ネットワーク組織に任せるべきだ。

――ネットワーク組織に必要な当初予算はどの程度か。その予算は誰が決めるのか。

ネットワーク組織は、固有の予算は持たない。財源を管理するのは、あくまで階層組織だ。取締役会に対して収益の説明責任を果たさなければならないのは、階層組織なのだから。ネットワーク組織のイニシアチブで資金が必要になり、階層組織側に働きかけて予算を勝ち取ることも、コア・グループやネットワーク組織に志願した社員の仕事の一部だ。精力的に働きかけ、説得を試みても予算がつかないときは、そのイニシアチブは必要ないか、問題に対する正しい答えではないと考えるべきだろう。したがって、打ち切るのが賢いということになる。

ネットワーク組織は自主自立の組織であり、予算を通じて管理されるべきではないのだから、この方式が適切だと考えている。ネットワーク組織は、固有の予算を持たないがために階層組織に依存するという点も、両組織が連動し一つのシステムとして機能することに寄与する。

――ネットワーク組織に志願した社員が、ついいつもの階層組織のやり方で行動することをどうやって防げばよいか。

私たちはこれを「デフォルト（初期設定）問題」と呼んでいる。ストレスの大きい状況では、人間は初期設定に回帰しやすい。そこで、階層組織のやり方に戻ってしまうというわけだ。それも一瞬で。

そうなると、自ら買って出る人間を待つのではなく、リーダーを任命したくなってしまう。あるいは、何らかのイニシアチブに志願者を募るのではなく、適切なスキルを備えている（と思われる）人間を指名したくなってしまう。あるいは、「やるべきこと」を決めて押し付けるようになってしまう。つまり、ネットワーク組織の母体だったはずのコア・グループ自体が、自ら階層組織に豹変してしまうのだ。
こうしてコア・グループは、イニシアチブ・チームに命令したり管理したりするようになる。大勢のチェンジ・エージェントがいるとは考えずに、限られた人間だけでことを進めようとする。こうなるとネットワーク組織は収縮し、枠にとらわれない自由な動きができなくなる。仮に成果が上がっても、階層組織の物差しで測り、ないがしろにする。こうしたことは、突然起きるものだ。たとえばミーティングの最中にも。
初期設定への回帰を防ぐには、一人ひとりがそういうことがありうると肝に銘じ、細心の注意を払うしかない。そして問題を見つけたら修正し、全体が正しい方向へ進めるようにすることだ。

――デュアル・システムの構築で最もむずかしいことは何か。

とにかく始めることだ。ただし始めさえすればよいのではなく、正しいやり方で始めることが大切だ。そのやり方を示すことが本書の目的である。

終章

企業の未来とデュアル・システム

未来を予測するのはリスクの大きい行為である。しかし十分なデータがあれば、大きなトレンドを読み取ることは不可能ではない。

変化は加速し続ける

第1章の冒頭に掲げた四つのグラフをここでもう一度見てほしい(14、15ページ)。これらのグラフは、多くの分野で変化が増えていること、それも指数関数的に増えていることをはっきりと示している。より多くの変化がより速いペースで押し寄せているのだ。このトレンド・ラインが近い将来に横ばい、ないし下向きになることが一時的にはあるかもしれない。だが、あくまでそれは一時的あるいは例外的な状態であって、すぐにまたトレンド・ラインは上向くだろう。いや実際には、さまざまなデータを見る限り、変化は今後も加速し続ける、おそらくはそのペースは一段と上がると考えるほうが妥当である。もしこの結論が正しいとすれば、二〇世紀型の組織がいかにすぐれていようとも、その組織構造で変化の速い事業環境を乗り切れるとは考えにくい。新しい組織構造に切り替えなければ、重大な結果を招くことになるだろう――企業にとってはもちろん、政府、経済、社会、ひいては地球上に暮らす何十億の人々にとって。

その一方で、新しい組織構造にうまく切り替えられるなら、変化の速い事業環境に対応できるだけでなく、むしろそれを活かすことができるはずだ。そして、よりよい製品やサービスを生み出し、より繁栄し、より多くの雇用を創出できるだろう。変化の速い世界は、重大なリスクを孕む一方で、大きなチャンスを秘めている。

戦略は大きく進化した

本書で論じたデュアル・システムは、ある重要な意味を含んでいる。それは、今日の世界では「戦略」というものをまったく新しく考える必要があるということだ。

今日「戦略」という言葉は、重要な目標を達成するための高度な方針であるとか、あるいは競争で勝利を収めるための作戦といった具合に、かなりいい加減に使われている。とはいえ企業経営にとっては、戦略は比較的新しい概念だ。私が教え始めた頃、ハーバード・ビジネス・スクールでは戦略という言葉は使われてもいなかったし、企業経営者が「戦略プランニング」だとか「戦略思考」といった言葉を口にするのを聞いたこともなかった。だからと言って、戦略がなかったわけではない。成功している企業はちゃんと戦略を持っていたし、おそらくは起業して間もない頃から戦略を立てていた。年間の事業計画を立てるときに大きな枠組みや将来展望を意識していた――それを戦略とは意識せずに。

やがて一九六五〜七五年頃になると、競争の構図が様変わりして、戦略がにわかに意識されるようになる。その発端となったのは、日本だった。日本の自動車と家電の輸出が急激に伸び、先進国とくにアメリカのぬるま湯的競争状況を大混乱に陥れる。同じ頃、コンピュータの能力が大幅に改善され、コストやシェアに関するデータを収集・分析することが可能になった。こうして歴史上初めてアメリカ企業は、自分たちの真の競争力、強みと弱みとを冷徹な数字で知ったのである。

国際競争の構図は、石油輸出国機構（OPEC）によっても大きく書き換えられた。ご承知のとおり、一部の産油国が突如として大きな影響力を行使し始めたからである。

こうして研究者の間でも、競争に対する見方が変わった。一九六〇年代になると、経営史学者で当時はMITスローン・スクールで教鞭をとっていたアルフレッド・チャンドラーが、『組織は戦略に従う』（ダイヤモンド社）という衝撃的な著作を発表する。またブルース・ヘンダーソンは近代的な戦略コンサルティングの手法を確立し、ボストン・コンサルティング・グループ（BCG）を創設した。一九七〇年代に入ると、マイケル・ポーターがハーバード大学で「競争戦略」の講座を開講し、同名の著書も発表している（『競争の戦略』ダイヤモンド社）。

一九八〇年代には、ポーターやヘンダーソンの影響を受けたこともあって、社内に「戦略プランニング」部門を設ける企業が次第に増えていく。その効果のほどはまちまちだったが、なかには目覚ましい成果を上げた企業もあった。ジャック・ウェルチ率いるゼネラル・エレクトリック（GE）は、その代表例である。ウェルチは、「業界ナンバーワンかナンバーツーになれる分野でのみ事業を継続する」という大胆な戦略を打ち出し、業績の大幅改善に成功したのである。他の企業経営者もこの成果に注目し、独自の戦略を立てるべく、戦略思考を深めるようになる。

これと並行して、戦略コンサルティング業界も急成長を遂げた。それまで存在すらしていなかった業界が、いきなり年商数百億ドル規模に達したのである。ヘンダーソンや、ベイン・アンド・カンパニーを設立したビル・ベインは世界的に大成功を収める。いくらか遅れをとったマッキンゼー・アンド・カンパニーも、めざましい勢いで成長を遂げた。一九五〇年の時点では総勢一〇〇名にも満たなかったのが、いまでは一万人以上を数える。

今日の企業の戦略は、一九七〇年代と比べてはるかに高度になっている。いまや戦略について語らない企業経営者は、まずもって見かけない。企業だけでなく、非営利組織、政府機関、大学などでも戦略を立てることが当たり前になった。

戦略には、立案と実行という二つの要素がある。そして、暗黙のうちに立案のほうが重要とみなされているようだ。両者の関係性は明快で、まず戦略を立て、次に実行するという段取りになる。多くの企業では、事業計画の一環として年に一度戦略を立てる。そして実行のほうは、従来「ベストプラクティス」とみなされてきた三通りの手法に頼ることが多い。これについては第4章で簡単に触れておいたが、巻末の資料Aでよりくわしく検討する。これらの手法は、経営陣を頂点とする階層組織によくなじむ。立案において重要な決定を下し、実行の指揮をとるのは、つねに階層組織の頂点にいる経営トップである。

だが変化のスピードが速くなったら、従来の手法で対応できるのだろうか。そもそも、戦略を年に一度考えるだけでよいものだろうか。当然ながら、チャンスもリスクも律儀に一年ごとに出現するわけではない。戦略の実行中に状況が変わったら、あるいは新たなデータが発見されたら、どうするのか。
こうしたことは、すでに起きている。戦略はもっとダイナミックに変えていくべきであり、戦略プランニング部門がこしらえて一年間で粛々と実行するようなものではない、と気づいている企業もある。戦略とは、絶えず機会を探し、発見した機会を活かすイニシアチブを決め、すばやく効果的に実行するためのものだ。戦略とは、絶えざる探求、実行、学習、修正の連続であると私は考えている。

そうした戦略のあり方を実践している企業は、デュアル・システムを導入していることが多い。デュアル・システムでは、ネットワーク組織を動かすアクセラレータ・プロセスが変革を導く役割を果たす。止まることのないこのプロセスは、組織に加速力と俊敏性をもたらす。こうして組織はダイナミックな戦略スキルを身につけ、激変する事業環境に鍛えられて、それが組織の体質になっていく。

数字ももちろん大切である。だが変化や混乱が常態と化した事業環境では、数値的なデータはすぐに古くなるうえ、解釈も一通りではない。戦略には、経営幹部だけが知っている数字よりも、もっと目と耳が、そしてもっと心が必要になっている。デュアル・システムなら、それが可能だ。

戦略に関するこうした発想の転換は、起業家や若い人にとっては理解しやすいかもしれないが、成熟した階層組織でずっと働いてきた人にとってはむずかしいだろう。その点は十分承知している。それに、デュアル・システムという新しい組織構造や戦略の新しい考え方については、まだまだ研究の余地があることも事実である。それでも、このアプローチがうまくいくことを実証した先駆的な企業も現れている。従来の手順とまったく違う手法で戦略の実現をめざすデュアル・システムは、組織の存続と繁栄に大きく貢献すると確信している。

今日の企業が直面する課題を考えると、現在についても、未来についても、つい悲観的になりがちだ。有能で賢明な多くの人が未来を悲観しているのはよく承知しているが、私は悲観していない。いま重要なのは、一歩を踏み出すことである。

資料A

従来の変革手法はまだ通用するか

第4章で簡単に触れたように、企業は変化の速い事業環境を乗り切るために、従来「ベストプラクティス」とされてきた三通りの変革手法を組み合わせて使うことが多い。ここでは、この三つの手法についてよりくわしく検討する。本資料を読んだうえで、自分の会社で使われているのはどのアプローチか、それらは現在有効に機能しているか、将来も有効と期待できるか、考えてほしい。

アプローチ①　事業計画の視野を長くとり、戦略的要素を加味する

このアプローチでは、戦略課題を早めに見きわめ、戦略イニシアチブをより適切なタイミングで始められるようにするために、毎年のプランニング・プロセスに戦略的な要素を加味する。

そのためには、各部門は従来よりも先を見据えたデータを収集・分析しなければならない。さらに投資対効果を検討して、必要な予算とその理由を説明した報告書を作成することになるだろう。ビジネスケースと呼ばれるこの報告書は執行委員会に回され、年間のプランニング・プロセスの一環として承認を得る（または却下される）ことになる。

承認された新しいイニシアチブには予算が割り当てられ、その後は通常の事業計画と並行して階層組織が実行していくことになる。つまりマーケティング部門なり、欧州事業部なり、家電事業部なりは、通常の業務に加えて戦略イニシアチブを実行することになる。そのための予算が追

加されるとともに、定例会議では、いつもの議題に加えて戦略イニシアチブが議題に上ることになるはずだ。また、戦略イニシアチブの進捗状況を計測し評価する基準も新たに付け加えられることになるだろう。

しかしどれもあくまで「追加」であって、組織のあり方が大幅に変わるわけではない。報酬にしても、従来の報酬に加えて戦略イニシアチブのためのインセンティブが追加されるかもしれないが、報奨制度自体は変わらない。要するに、管理の対象期間が長くなるだけで、ほかは何も変わらないのである。となれば、四半期ベースあるいは年間ベースで大きな投資対効果が上がるかどうかはかなり疑わしい。それどころか、戦略イニシアチブが経費オーバーになって利益を削るといったことになりかねない。

環境変化や不透明性や競争圧力がさほど大きくない場合は、このやり方でもうまくいく。イニシアチブは大々的な規模にはならないし、通常業務とそれほど乖離しないので、従来の延長線上で進めることは可能だ。また規模が比較的小さい戦略イニシアチブであれば、抵抗や反発もあまり強くないのがふつうだから、スムーズに推進できるだろう。多少トラブルが発生しても、CEOの鶴の一声で片付く可能性が高い。階層組織の場合、上層部が熱心であったり、上から圧力がかかってきたりすれば、ものごとは前に進みやすい。

基本的に、取り組むべき変革の規模が小さいときには、階層組織でも成功の確率が高くなる。ときには経営トップから強力なメッセージを発信する必要があるとしても、革新的な要素は何一つ持ち込まずにやっていけるだろう。

だが、このアプローチは次第に通用しなくなっている。本文で繰り返し述べたように、経営陣を頂点とする階層組織は、効率、信頼性、安定を旨として設計されている。この堅固な組織構造で有能な人間が働いていれば、最小限のコストと高水準のクオリティを両立させ、毎日、毎週、毎月仕事をこなしていくことが可能だ。多少タイムフレームを先まで延ばして日頃の業務とすこし毛色の変わった戦略イニシアチブを実行することも、優秀な組織にとっては何ほどのこともない。しかし時間の経過とともに、このアプローチは四つの問題に遭遇することになる。

第一は、階層組織は現在にフォーカスしすぎる嫌いがあることだ。この点については、三〇年ほど前から批判されてきた。階層組織は短期的な目標に偏りすぎており、一日、一週間、四半期の目標達成に汲々としている。アプローチ①によってより長期的な戦略を考慮したとしても、結果を出せとプレッシャーをかけられれば、あっという間に目先のことしか目に入らなくなってしまう。

これは、さんざん言われてきたことである。執行委員会では、通常の事業に三〇分、戦略課題に三〇分をかけることになっているかもしれない。だが何か問題が起きたら、いや変化の速い事業環境では必ず問題がひんぱんに起きるものであるから、そのときには戦略などどこかに吹き飛んでしまう。過去数十年にわたり、執行委員会はむしろ戦略課題に五五分を費やすべきだと主張されてきた。だが目先のことに囚われる傾向は階層組織に内在しているのであり、批判したところで効果は期待薄である。

第二は、階層組織は、自ずと部門の孤立化・専門化すなわち「サイロ化」を招くことである。

よりローコストで、より高い信頼性で仕事をこなすためには、どの部門も自分の業務に注意を集中し、専門性を高めることが望ましい。専門化や集中化が進めば生産性はさらに高まるので、ますますサイロ内のことしか見えなくなる。だが戦略イニシアチブに追加的に取り組まなければならなくなった場合、それが一つのサイロ内で完結することはめったにない。組織の構成単位は相互に依存しており、製品開発を変革するとなれば、マーケティングや営業でも変革が必要になるのがふつうだ。つまりサイロ間でコミュニケーションが不可欠となるが、変革規模がよほど小さくない限り、サイロ同士が意思疎通を図り、軋轢《あつれき》なしにイニシアチブを進めていくことはむずかしい。

しかも場合によっては、あるサイロから別のサイロにリソースを移転させなければならないケースも出てくるだろう。しかし誰しも、リソースや昇進の機会をみすみす他部門に譲りたくはない。そこで抵抗勢力が生まれ、イニシアチブの進行を阻み、無駄なコストを発生させる。

第三は、階層組織には当然ながら階層が存在することだ。このため階層の下のほうにいる人間は、狭い範囲の仕事に特化し、習熟し、安い給料で効率よくミスなくその仕事をこなすようになる。変化がゆるやかな事業環境であれば、トップは適切な戦略的決定に必要な情報をおおむね入手できるし、ボトムは戦略実行に必要な情報を持ち合わせているだろう。だが変化が速く不確実性の大きい事業環境では、トップもボトムも自動的に必要情報を入手できるという具合にはいかなくなる。両者間の風通しをよくして有効な情報が行き交うようにできれば理想的だが、現実にはむずかしい。情報の流れは滞りがちのうえ、思惑や権益が絡んで歪められやすい。

第四は、変化の速い事業環境では、五年先はおろか二年先を見通した戦略計画を立てることさえ困難だということである。だから計画は、もともとが実行困難だったうえに、いまや立てた時点からあまりよいプランとは言えなくなっている。しかも年一回計画を立てて実行するというサイクルでは、途中で環境が変化しても軌道修正がしにくい。階層組織には、そうした柔軟性や融通性あるいは俊敏性が備わっていないのである。もたもたしているうちに機会の窓は閉じてしまうだろう。動きの速い台風に出くわし、船が加速して針路から脱出する前に転覆するようなものだ。このような状況では、長期戦略はもちろん、短期的な目標でさえ実現できなくなってしまう。

過去一〇年間に私はそうした例をいやと言うほど見てきた。とはいえ、多くの企業は倒産するまでにはいたらない。このアプローチではうまくいかないと気づき、以下で取り上げるアプローチ②や③を導入して何とか切り抜けようとするからだ。それでもやはりそれなりの代償は伴う。市場シェアが二位から三位に転落した企業もあれば、大型契約を取り逃がした企業もある。また生産性が改善せず、売上げが伸びても利益は落ち込んだ企業もあった。

アプローチ② 長期戦略を担当する部署や人材を導入する

変化の速い事業環境を乗り切るためによく使われる第二のアプローチは、階層組織に新たな部署、人材を追加し、これに伴って新たな指揮系統を導入する方式である。

このアプローチでは、戦略イニシアチブだけを担当し通常業務は一切行わない戦略プランニング部門、戦略コンサルタント、プロジェクト・マネジメント室等々を組織に導入することになる。さらに、変革だけを担当するチームを発足させ、不確実な状況への対応に慣れたスペシャリストを投入するケースもあるだろう。さまざまなサイロからめぼしい人材を招集してタスクフォースを編成する場合もあるかもしれない。

こうしたやり方はある程度まではうまくいくし、戦略イニシアチブだけを担当するのだから取り組みのスピードは上がるだろう。だがいずれは、アプローチ①とまったく同じ四つの問題に直面することになるはずだ。すなわち、目先のことに囚われがちになり、サイロ間の協調がうまくいかず、階層組織との情報フローが滞り、不確実性が高まって戦略の修正・実行が困難になるのである。

さらにアプローチ②に固有の問題もある。コストである。新たな部署を設置し人材を投入するとなれば、追加予算が必要だ。コストがかさめば利益を圧迫し、株価を押し下げかねない。目標を前倒しで達成しようと焦って投入するリソースを増やせば、ますます利益を浸食することになる。しかも、部署の新設や人員の増強には副次的な問題もある。新しい部署では、必ず「どうしても必要な業務」が次々に出てくるということだ。ひらたく言えば、頭のいい人間ほど、予算の増額要求の理由を見つけることがうまい。

アプローチ②は、同じ人間がイニシアチブの責任者に任命されたり、タスクフォースのリーダーを兼任したり、あれこれの陣頭指揮をとったりして疲弊し、それが原因で失敗に終わることもよくある。いくら有能でカリスマ性のある人材でも、やれることには限りがある。ではどうしたらよいか。社外から「改革請負人」「コストカッター」のようなスーパースターを連れてくるか（これは交渉に時間もかかるし、コストも非常に高くつく）。イニシアチブの数を減らすか（ほんとうに必要なイニシアチブを棚上げしたら、あとで痛い目に遭うことになる）。これでは悪循環に自らはまるようなものだ。

こうした例は枚挙にいとまがない。これだけで会社が倒産することはないにしても、業績の落ち込みは避けられない。そこで怒った経営幹部がイニシアチブに介入しても、あまりうまくいかないことのほうが多い。なにしろ言い訳はいくらでもあるのだ。この業界では規制が強化された、仕事が多すぎてこれ以上は無理だ、コンプライアンス担当の連中からNGを出された、云々。じつに苛立たしいが、大きな組織ではこうした事態は避けられない。組織が肥大すると官僚体質化は避けられず、俊敏性は失われてしまう。新しいことへの抵抗は、おそらく人間の本性に根付いているのだろう。

組織が鈍重になっている現実も、その原因も、階層組織のトップはあまり認識していない。放置しておくと、トップが蚊帳の外に置かれたまま危険な事態になりかねない。たとえば、プロジェクト・マネジメント室は定期的に進捗状況を報告するだろうが、いつも（ほぼ）予定通りに進行中、となっている。そんな報告が延々と続いた末に、ある日突然、何かが起きる。新製品開発と営業戦略の連携がうまくいかないうちに他社に先を越される、などだ。よくあることだが、アプローチ②ではこうした顚末が珍しくない。

アプローチ③ 買収する

　このアプローチでは、新たな製品やサービスを開発するために時間を投じる必要はないし、重要市場で顧客ロイヤルティを高めるためにエネルギーを注ぎ込む必要もない。イノベーションも俊敏性も、よそから買ってくればよいのだ。

　このアプローチを採用する場合、M&Aのスペシャリストや戦略コンサルタントを雇うのが一般的である。彼らの助言に報酬を払い、買収に大金を投じる。大型買収よりも、小さな会社をいくつか買収して自社との統合を図るケースが多いだろう。このやり方は、条件が整えばうまくいくこともある。まず大前提として、買収に投じる資金がなければならない。次に、買収相手の会社が敵対的でないこともポイントだ。さらに、買収する側とされる側の企業文化に大きな隔たりがないことが望ましい。こうした条件が満たされるなら、変化の速い事業環境で買収によって他社に先んじることは可能だろう――少なくとも当面は。

　だが買収というものは、問題を解決する以上に問題を引き起こしやすい。まず、不確実性の高い事業環境では、M&Aのスペシャリストや戦略コンサルタントが見つけてくる買収候補が必ずしもベストであるとは限らない。それに、これまで手がけていた愛着のある製品やサービスを打ち切って、他人の考えた製品やサービスを作るなり売るなりするのは、誰しも抵抗を感じるものだ。さらに、買収された側の顧客を買収した側に献上するとなると、事態は簡単ではなくなる。そのうえ買収した側が硬直的な階層組織を備えた大企業だったりすると、買収された側の文化を粉砕してしまうことは珍しくない。

買収の成否に関する過去の成績表は、たぶん誰もわかっていないだろう。失敗した企業は、それを公にしたがらない。M&Aのスペシャリストにしてみれば、買収は成功だったと大勢の人に思わせておかないと既得権益を守れない。中立の第三者、具体的には研究者が行ったM&Aに関する調査を見る限り、結果は芳しくない。そもそも買収交渉は決裂しやすい。買収のターゲットになった企業は猛烈な反撃に転じることが多く、仮に交渉がまとまっても、ひどく高い買い物になりがちだ。また、うまく買収にこぎつけても、事業戦略で共同歩調をとれるレベルまで企業文化を統合するのは至難の業である。買収された側は何としてでも自主独立を守ろうとし、何かにつけてそれを主張するため、往々にして戦略課題に集中できなくなる。

以上三つのアプローチに共通する根本的な問題は、経営陣を頂点とする階層組織という単一のオペレーティング・システムにこだわっていることにある。いずれも階層組織に何らかの要素を付け加えるだけだ。戦略的行動を多少は加速できるかもしれないが、もともと効率、信頼性、一貫性を旨として設計された組織である以上、イノベーションやスピードや俊敏性はあまり期待できない。プランニング・プロセスに戦略的要素を加味するにせよ、長期戦略に特化した新たな部署やチームを設けるにせよ、買収に乗り出すにせよ、クリスマスツリーに安ぴかの星やリボンをつけるようなものだ。飾りをつけるたびにツリーはにぎやかになり、たまに話題を呼ぶかもしれない。だがツリーはツリーであって、チーターやサラブレッドではない。

なかには以上のアプローチと異なる奇想天外な手を打つところもあるが、そうした例は稀である。多くの企業は、「クリスマスツリー方式」の失敗が見えてくると、偏執狂的にさらに飾り付けを増やす挙に出る。さまざまなプログラムを編み出したり、合弁事業を始めたり、大型合併で世間をあっと言わせたりするわけだ。だが結果は、当初の意図とは正反対のものになりやすい。組織全体は俊敏になるどころか、一段と膨張し、ますます鈍重になってしまう。改革に次ぐ改革で社員が疲れ切ってしまうケースもある。飾り付けにコストをかけすぎれば、四半期の終わりには減益になったり、予算不足に陥ったりするだろう。

こうした現象は、あなたの会社でもおなじみではないだろうか。この三通りのアプローチをしきりに活用していないだろうか。もし答えがイエスなら、これらのアプローチは効果を上げているだろうか、たとえいま効果があったとしても長続きしそうだろうか。これらの「ベストプラクティス」が意味のあるものか、いま一度真剣に考えてみてほしい。

資料B

いまデュアル・システムを導入すべきか

デュアル・システムに関する差し迫った問題は、いま導入する必要があるかどうか、ということだ。来年でもいいのか、もっと先でもいいのか、それともいまなのか。

自社がめざす戦略目標にかかっている価値をよく考えてほしい。過去にうまくいった方法ではもはや効果のなくなる一線を越えてしまっていないだろうか。競争相手と張り合うためには先駆けるために、過去にうまくいったやり方で俊敏かつ創造的に動けるだろうか。

この一線は目には見えない。だが以下に掲げる一連の問いに答えてみれば、十分に妥当な判断を下すことができるだろう。すべての問いに正確に答えられなくてもかまわない。問題なのは、あまりにも多くの組織で、そもそも問いが発せられないことだ。これはたいてい、経営陣を頂点とする階層組織そのものの本来的な性質に由来する。この組織で長年働いている人は、きちんとした情報収集も分析もせずに、答えはわかっていると片付けてしまう。だから、問いに答えるための時間をとろうともしない。

問い① 外部環境はどう変化しているか

最初に問うべき最も基本的な質問である。現在進行中の変化でも、近い将来に差し迫った変化でも、最近起きた変化でも何でもよいが、自社の事業に重大な影響を及ぼしていないか。またその結果、会社は困難な戦略課題に直面していないか。なお、この変化は競争相手、テクノロジー、サプライヤー、顧客、政府の規制や指導、職場環境、製品のライフサイクル等々、何に関する変化かを問わない。

もうすこしはっきり言うなら、外部環境に起きた変化のせいで、何か手を打たないと引き続き成長し利益を上げることが困難になっていないだろうか。

長年のライバル会社が大胆な試みを打ち出し、自社を窮地に陥れていないか。あるいは、たとえばインドや中国から新規参入者が現れ、シェアを浸食していないか。

会社で抜本的な改革が行われたのは、だいぶ前のことではないか。その結果、事業環境の変化に俊敏に対応する能力と、現在の能力とのギャップが大きくなっているのではないか。

新しい機会の窓を開くような改革、たとえば新規顧客を勝ちとる機会であれ、時価総額や収益を伸ばす機会であれ、革新的製品を生み出す機会であれ、機会の窓を開くような変革を最近実行したことがあるか。

とくに奇抜な質問ではないが、階層組織ではこうした問題について考える時間をとらないものだ。目標が決まっており、ノルマ達成や管理業務に追われて時間の余裕がない。新しい機会あるいは脅威が間近に迫ってきたときでさえ、管理志向の強い組織ではデータを集めて事実を知ることがむずかしく、下から上への情報フローが滞りがちである。しかも階層組織では各部門が専門特化しサイロ化しやすく、いま挙げたような質問に対してバラバラな答えを出しがちだ。自ずと執行委員会は紛糾し、いつまでたっても打つ手が定まらない。

問い② 成功あるいは損失の価値はどれほどか

戦略目標が達成された場合の価値、失敗に終わった場合の損失はどれほどか。

シェア減少に悩む企業の場合、第3章で取り上げたP社のようになる可能性はないか。業界一位から二位へ、あるいは五位から六位へ転落する恐れはないか。さらには買収され、切り売りされる恐れはないか。

まったく新しい革命的な技術が出現して、自社製品がことごとく陳腐化する可能性はないか。自社は規模的に小さすぎ、成長の余地が乏しくなっていないか。

ライバル会社がよりよい次世代製品を発表したり、自社より早く開発に成功したりする可能性はあるか。その場合、自社の将来はどうなると予想されるか。

自社に成長の可能性のある分野はどれか。いま開いている機会の窓はどれか。俊敏に動いたら、その機会をつかめるか。

どんな経営者もそれなりに注意を払ってはいるだろうが、第3章のP社の例で見たとおり、次々に難問が押し寄せる状況では戦略的価値を過小に評価しがちである。まして経営幹部でもない平均的な社員に、会社の未来がかかっている価値を正確に評価できるはずもない。

問い③どれほどの規模の変革が必要か

外部の脅威や機会を前にして、どの程度の社員が真剣に行動を変える必要があるだろうか。新しい大胆な戦略を実行に移すには、管理職から平社員にいたるまで、何をどのように変えるべきなのか。

現実を直視して考えないと、答えがいい加減になりやすい。端的に言って、安易な方向に流されやすい。

たとえば、「このイニシアチブを実行するには、七〇人を擁するIT部門の改革が必要だ」という結論が出たとしよう。だがそのイニシアチブは、秘書からミドルマネジャーにいたるまで、システムを使う数千人の社員に影響が及ぶのではないだろうか。彼らがそのための研修を受けなければならないとしたら、実行はそう容易とはいえないのではないか。なかには長年使い慣れたシステムの変更を嫌って反抗する人が出て来るのではないか。その多くは本社ではなく世界各地に散らばっているのではないか。システム改善のためならそうした混乱もやむを得ない、と理解を示す社員がどれほどいるだろうか。

あるいは、「今回のイニシアチブでは、製品開発部門の一〇〇人が開発・企画方法を見直す必要がある」という結論が出たとしよう。だがその結果、営業やマーケティングにも影響が及ぶのではないか。製品開発の改革に伴い販促にも新たなモデルが必要となれば、主要製品の販売を手がける数百人の社員を巻き込むことになるのではないか。

今日の企業組織は、複雑な相互依存関係の上に成り立っている。AはBに、BはCに依存し、そのCはAに左右される、という具合に。この関係性を図に表そうとしたら、ひどく込み入ったものになるだろう。

それでも安定した事業環境であれば、さして問題はないかもしれない。そもそもAもBも変化しないから、両者の関係も一定である。だが、自社を取り巻く事業環境を考えてみてほしい。目先のことしか見ていないと、戦略イニシアチブを成功させるには五〇%の社員が変わらなければならないのに、関係があるのは一〇%だけだ、といった安易な結論に達しやすい。

数パーセントからせいぜい一〇~二〇%程度の社員が行動を変えればよい場合、必要な変革の内容がはっきりしている場合、三、四年かけて徐々に変えていけばいいという場合であれば、階層組織で対処できるかもしれない。だがもっと大勢の社員が絡んでくる場合、不確実性が高い場合、時間的猶予が乏しい場合には、階層組織では間に合わなくなる。

問い④ タスクフォースや戦略部門の設置に社内はどう反応したか

過去一年の間に、差し迫った脅威や機会に対処する目的で、タスクフォースや戦略委員会といったものを編成したことはあるか。その場合の社内の反応はどうだったか。メンバーに指名された社員はどの程度の時間を割いたか、それで十分な成果は上がったか。

戦略立案に関してコンサルティング会社を雇ったことはあるか。その場合、コンサルタントの質問調査を受けたマネジャーや社員の反応はどうだったか。どの程度の社員が深刻に受けとめたか。時間と金の無駄だと感じた社員は多かったか。調査の前と後とで社員の意識や行動は変わったか。

エグゼクティブの肝いりでタスクフォースや戦略実行チームを編成したことはあるか。そのときエグゼクティブはどの程度の時間を投じたか。大勢の社員が変革に反発した場合、エグゼクティブはどう対処したか。

あるいは、戦略や変革の実行のためにプロジェクト・チームを発足させたことはあるか。その場合、変革の必要性を感じない社員や地位が脅かされると感じた社員からの反発にうまく対処できたか。

自社の戦略プロセスは、事業環境の変化に俊敏に対応できているか。適切なタイミングで新たなイニシアチブに取り組んでいるか。それらは手遅れにならないように実行されているか。

公式の会議で経営幹部がタスクフォースなりプロジェクト・チームなりにこの種の質問をすると、じつに景気のいい答えが返ってくることが多い——重大な問題が持ち上がり、予算内に収まらないとか期限までに完了できないことがはっきりするまでは、の話だが。

問い⑤ 組織文化を変える必要はあるか

戦略課題に取り組むに際して、自社の組織文化を大きく変える必要はあるか。言い換えれば、何年も続いてきた行動や慣習を変えないと、戦略イニシアチブの実行は困難か。その場合、深く根付いた習慣や規範を変えなければならないか。

戦略イニシアチブの実行に当たって、この点をよく考慮したか。自分の会社では、組織文化の変革に取り組んだことがあるか、それはうまくいったか。

問い⑥ 現在進行中の変革は満足できる状況か

すでに「ベストプラクティス」とされてきた手法（タスクフォース、タイガーチーム、コンサルタント等々）で変革に取り組んでいる場合、その進捗状況に満足しているか。

こうした手法で要するコストは、中間目標に照らして妥当と言えるか。

従来のベストプラクティスは今後しばらく有効と判断できるか。

これらの質問に対してすべてイエスと答えられるようなら、次の点をよくよく考えてみてほしい。戦略課題に取り組む場合、従来の手法でも開始直後は順調な経過を示すことがよくある。第3章で取り上げたP社も滑り出しはよかったが、その後にトラブルが発生した。あるいはタスクフォースなりタイガーチームなりが任務を「完了」すると、たちどころに逆戻りしてしまうことも珍しくない。

こうした例は思いのほか多く、そうなったときの悪影響は深刻だ。単に一つの戦略的失敗にとどまらず、修復に時間を要し、他の事業に波及し、要らぬストレスを増やす。失敗が続けば社員は悲観的になり、未来に希望を持てなくなるだろう。

質問リストに挙げたような問題がすべてクリアできているなら、じつに喜ばしいことである。だがそういうことは、まずない。もし万事OKで何の問題もないという結論が出たら、逆に自分の判断力を疑うべきだろう。その意味でも、この質問リストは指針として役に立つ。

エグゼクティブやリーダーが質問リストに取り組み、実際には暗雲垂れ込める戦略イニシアチブについて、問題なくうまくいっていると結論付けるのを、私は何度も目にしてきた。なかには、それが社の運命を変えてしまった例もある。

また、どう甘めに見積もっても事態は思わしくないと気づきつつも、組織構造の変革に踏み切れないリーダーも珍しくない。そのときには、次の質問を自分に投げかけてみることだ。もはやいままでの組織構造では対応し切れないのではないか。いつまでも従来通りのやり方にしがみついているつもりなのか、新しいことを試してみるほうがいいのではないか、と。

［著者］

ジョンP. コッター（John P. Kotter）

ハーバード・ビジネス・スクール松下幸之助記念講座名誉教授。マサチューセッツ工科大学（MIT）、ハーバード大学卒業後、1972年からハーバード・ビジネス・スクールで教鞭をとる。1981年、当時としては史上最年少の34歳で正教授に就任した。
主な著書に『企業変革力』『ジョン・コッターの企業変革ノート』（日経BP社）、『第2版リーダーシップ論』『幸之助論』『カモメになったペンギン』（ダイヤモンド社）、『ハーバード流企画実現力』（講談社）など多数。
変革のリーダーシップの実現をサポートするコッター・インターナショナルを興した。

［訳者］

村井章子（むらい・あきこ）

翻訳家。上智大学文学部卒業。翻訳書多数。主な訳書に、『リーン・イン』（日本経済新聞出版社）、『帳簿の世界史』（文藝春秋）、『トマ・ピケティの新・資本論』『幸福論』『道徳感情論』（共訳）（以上日経ＢＰ社）、『じゅうぶん豊かで、貧しい社会』（筑摩書房）、『ファスト＆スロー』（上下、ハヤカワ・ノンフィクション文庫）、『善と悪の経済学』（東洋経済新報社）など。

ジョン・P・コッター　実行する組織
――大組織がベンチャーのスピードで動く

2015年７月２日　第１刷発行
2015年８月31日　第２刷発行

著　者――ジョンP. コッター
訳　者――村井章子
発行所――ダイヤモンド社
〒150-8409　東京都渋谷区神宮前6-12-17
http://www.diamond.co.jp/
電話／03･5778･7228（編集）　03･5778･7240（販売）
装丁――――デザインワークショップジン
製作進行――ダイヤモンド・グラフィック社
印刷――――八光印刷（本文）・共栄メディア（カバー）
製本――――本間製本
編集担当――前澤ひろみ

ISBN 978-4-478-02837-7

www.dhbr.net
Harvard Business Review
DIAMONDハーバード・ビジネス・レビュー
BEST of BEST
世界の経営者が愛読する
ハーバード・ビジネス・レビュー
BEST10論文
HBR世紀にわたる歴史の中で
生き残る珠玉の10論文
ダイヤモンド社